LA NOVELA CORTA Y EL RELATO BREVE

ROBIN BOOK

Mariano José Vázquez Alonso

LA NOVELA CORTA Y EL RELATO BREVE

MA NON TROPPO

Diseño de cubierta: Regina Richling

Imagen de cubierta: iStockphoto

Realización: ebc, serveis editorials
Diseño de interior: Montserrat Gómez Lao

ISBN: 978-84-15256-60-1

Depósito legal: B-625-2014

Impreso por Sagrafic, Plaza Urquinaona, 14, 7.º 3.ª, 08010 Barcelona

Impreso en España - *Printed in Spain*

ÍNDICE

INTRODUCCIÓN

Unas líneas aclaratorias que el lector no debe dejar a un lado

Antes de entrar en materia, quisiéramos afirmar que, sin lugar a dudas, dos de las formas literarias más adecuadas e interesantes para que el futuro escritor se inicie en el mundo de la creación literaria —o para aquel que ya se encuentre instaurado en ese universo en el que, como bien decía Chéjov, a nadie se le prohíbe la entrada— son la novela corta y el relato breve, ya que ambas formas ofrecen muy ricas oportunidades de realización creativa, tanto para el autor como para el lector.

Asimismo creemos conveniente aclarar —y de forma muy destacada— que constituiría un craso error considerar estas dos formas, tanto la novela corta como el relato más o menos breve o el cuento, «género menor» en el campo de la literatura y que, por consiguiente, pudieran merecer menos crédito y valor que otras obras más extensas y, aparentemente, de mayor enjundia.

Un dicho clásico asegura que los buenos perfumes se guardan en frascos pequeños. Lo mismo podríamos decir al referirnos a estas formas de creación literaria. No muestra menos belleza e interés un minueto bien armonizado que una sinfonía, por larga que esta sea (y discúlpenos el lector por presentar un símil tan obvio). Es más, una obra literaria de corta extensión requiere, para que tenga calidad, unas características muy precisas y notablemente diferentes de las necesarias en una obra narrativa más extensa.

Afirmaba Edith Wharton, la primera escritora que ganó el prestigioso premio Pulitzer, que no importa cuán limitada sea la historia que uno esté intentando relatar, porque no es posible evitar que se la circunde de una serie de detalles importantes, de hechos aparentemente irrelevantes pero sustanciales, que se van adicionando en torno del autor de ese relato por una simple cercanía accidental, tanto si es de tiempo como de espacio. Escoger entre todos estos materiales es el primer paso hacia la expresión coherente que necesita nuestro relato breve o nuestra novela corta.

Esta misma escritora aseguraba que al igual que sucede con la novela moderna, el relato de nuestros días parece tener sus orígenes en Francia, ya que los escritores ingleses interesados por esta forma literaria tardaron más tiempo en alcanzar el nivel que tenían franceses y rusos. Algo muy parecido podríamos decir nosotros de los escritores españoles.

Como veremos en el transcurso de estas páginas, grandes autores de todos los tiempos se han entregado preferentemente a la escritura del relato breve como elemento casi exclusivo de su creación narrativa. Consideraron con muy buen criterio, que el hecho de exponer adecuadamente una situación dramática —ya fuera esta de corte satírico, humorístico, aleccionador, fantástico, etc.— no requería inevitablemente una determinada extensión del texto sino que, por el contrario, podía desarrollarse perfectamente de modo más sucinto y abreviado.

Por consiguiente, en este libro vamos a procurar exponer de modo práctico y directo las claves de estas dos formas literarias, porque ambas requieren una estructura de características particulares, muy diferente a la que podría tener una obra de mayor extensión.

Para ello trabajaremos a lo largo de los capítulos que constituyen la obra que usted, lector, tiene en sus manos, en una labor que quisiéramos que fuera conjunta y estimulante. Expondremos de modo detallado las técnicas que, a nuestro juicio, consideramos más apropiadas para estas dos formas literarias (tan similares en su estructura que, en muchas ocasiones, sólo las diferencia la extensión de sus respectivos textos), y trataremos de hacerlo de una manera que resulte secuencial y atractiva, a fin de que sea usted, lector de este libro, el que finalmente —animado siempre por el soplo de su propia intuición y talento— personalice y ponga en práctica las consideraciones que se hagan en estas páginas.

Dado que la novela corta y el relato breve poseen, como hemos dicho, unas características que en cierto modo resultan comunes, no creemos necesario establecer una frontera claramente divisoria entre ambas formas, a la hora de hablar de la técnica o de la estructura literaria que las caracteriza. Por consiguiente, simultanearemos una y otra forma a lo largo de estas páginas especificando, claro está, cuándo nos referimos al relato y cuándo a la novela.

Al igual que hemos hecho en otras obras de esta índole, no vamos, en el presente libro, a abundar en esquemas, cuadros sinópticos, diagramas y gráficos que por lo general no son de gran ayuda al lector y que sirven tan solo para complicar y confundir la lectura. Nos limitaremos simplemente a establecer algunos subrayados a lo largo del texto que puedan servir de recordatorio, pero siempre de forma muy sintética y aclaratoria. Al finalizar cada capítulo incluiremos también unas breves advertencias a modo de resumen del mismo.

Quisiera desear que mi experiencia como escritor, unida a la de otros autores de más relevancia, pudiera ser válida a la hora de que usted se entregue a la creación de estas formas literarias tan atractivas, y que siempre estuvieron en boga. Es por esa razón por lo que no hemos dudado en incluir en estas páginas una serie de fragmentos de obras de autores consagrados que mostraron su adhesión a este género literario.

Por último, deseo confiar en que el contenido de estas páginas y la puesta en práctica de cuanto en ellas se manifiesta pueda ser de utilidad para usted, lector y escritor. Esperemos que sea así.

Así pues, y sin extendernos más, nos ponemos manos a la obra. ¡Que las musas nos acompañen!

PRIMERA PARTE

1

LA NOVELA CORTA Y EL RELATO BREVE: DOS EXCELENTES OPCIONES LITERARIAS

Consideraciones fundamentales

Ya se ha dicho en la introducción de este libro que una de las maneras más acertadas para iniciarse como escritor de ficción podría muy bien ser la creación de una novela corta, que por lo general supera apenas las cien o ciento veinte páginas —o que, incluso, no llega a ellas en la mayoría de los casos—, o un relato breve que normalmente tiene una extensión notablemente más reducida.

Tanto en uno como en otro caso es necesario que tratemos de escoger una historia que tenga la suficiente entidad como para que nos permita construir de forma adecuada el carácter de los distintos personajes, establecer convenientes diálogos y desarrollar acertadamente la trama. Evidentemente, este planteamiento resulta más necesario en la novela corta.

Afirmaba William Burroughs, uno de los escritores estadounidenses más significativos y brillantes de la llamada *Beat generation*, que la mayoría de las personas no ven lo que sucede a su alrededor. Por su parte, él creía que el mejor consejo que podía dar a los nuevos escritores era que mantuvieran los ojos bien abiertos y no se perdieran cuanto sucedía en su entorno. Y este consejo es sumamente válido a la hora de escribir cualquier narración pero, muy especialmente, en el caso de esa obra corta, de ese relato breve, que en muchas ocasiones se basa en un detalle que aparentemente carece de gran importancia.

Es conveniente mantener viva la atención en todo cuanto nos rodea. Un pequeño detalle puede ser el origen de un buen relato.

A lo largo de la historia de la literatura fueron muchos y muy famosos los escritores que se inclinaron por la creación de obras de reducida extensión, ya se tratara de novelas cortas o de relatos breves. De hecho, son escasos los autores renombrados que no cuenten en su haber creaciones literarias de esta índole. A este respecto, vale la pena recordar a excelentes escritores actuales como Marguerite Yourcenar con sus *Fuegos* y sus *Cuentos orientales,* a Truman Capote con *El arpa de hierba*, a Jorge Luis Borges con sus *Ficciones* y *Artificios* o a Julio Cortázar con sus abundantes y magníficos relatos, entre otros muchos.

Es necesario que el escritor novel lea y estudie atentamente las obras cortas y los relatos breves de autores clásicos.

En la historia de la literatura, la lista de autores que optaron por el relato breve es tan amplia que resulta improcedente hacer aquí una relación —siquiera aproximada— de sus nombres. Desde el genial *Decameron* de Boccaccio o el ingenioso *Heptameron* de Margarita de Navarra, en tiempos medievales, hasta los ya actuales y deliciosos cuentos de Oscar Wilde incluidos en *La casa de las granadas* o los exquisitos relatos breves de Marcel Schwob en *El rey de la máscara de oro*, hablan todos ellos de la preferencia de muchos grandes autores por esta forma literaria del cuento o del relato breve.

Algo parecido sucede con la novela corta, forma literaria asimismo muy cultivada por autores de todas las épocas, concebida en ocasiones con fondo didáctico —y hasta filosófico—, y en otras con simple ánimo recreativo y despreocupado. Apuleyo, en la Antigüedad, o Cervantes, en nuestro Siglo de Oro son clásicos a los que podríamos recurrir para encumbrar la importancia de la novela corta.

Uno de los ejemplos más brillantes de este tipo de obra de corta extensión se dio en el siglo XVII, de la pluma de una escritora tan sutil como la condesa de La Fayette, que escribió una deliciosa obra, *La princesa de Clèves,* que publicó de forma anónima y que constituyó su obra maestra.

En tiempos más modernos no podemos olvidar títulos tan excelentes como *La muerte de Ivan Ilich*, de Liev Tolstói, esa obra corta en la que «la muerte de un hombre insignificante se convierte en una parábola universal». Maupassant fue otro escritor que en sus relatos breves supo acortar el texto para dar la dimensión y el sentido justo a su relato. Lo mismo podría decirse de *El retrato del artista adolescente*, de James Joyce.

Afirmaba Cortázar —autor al que, inevitablemente, habremos de referirnos más de una vez en estas páginas— que los admirables relatos de Anton Chéjov estaban basados en la mayoría de los casos en esas historias aparentemente insignificantes, casi infantiles, que se pueden contar en una tertulia amistosa o familiar. Pero que al igual que lo que sucede con los relatos de Katherine Mansfield —otra singular creadora de relatos breves— lo importante en esos cuentos es el significado que encierran.

En una novela corta o en un relato breve se puede volcar toda la riqueza expresiva de la que, en muchas ocasiones, carece una novela larga.

Toda esta creación literaria construida con textos de breve o muy breve extensión ofrece a lo largo de sus páginas la expresividad y el vigor del que a veces carecen obras de mayor extensión y aparente enjundia.

En estas páginas trataremos de desarrollar los puntos básicos que han de ser tenidos en cuenta a la hora de escribir una novela corta o un relato breve.

Enfrentándonos al inicio

Es algo bien sabido para cualquiera que se entregue a la creación literaria que el enfrentamiento con la hoja de papel en blanco constituye todo un reto.

El esforzarse excesivamente por encontrar un inicio que nos parezca original, incluso genial, puede tener consecuencias negativas hasta el punto de paralizar nuestro empeño creativo.

En algunas ocasiones es una buena opción no pensar demasiado en la importancia y la calidad de las primeras frases, pues no es extraño que las palabras se vayan hilando, casi por sí solas, y de improviso surja esa frase original que tanto estábamos buscando. Esa primera frase que, si hemos acertado con ella, logrará interesar al lector para que siga leyendo. Porque serán precisamente esas líneas las que podrán marcar el ritmo del relato. Y no olvidemos tampoco que muchas veces si logramos iniciar bien el relato es muy probable que consigamos concluirlo bien. Además, es probable que sea el inicio de nuestro relato el que condicione el desarrollo de la historia y estimule de este modo el interés del lector.

Esforzarse excesivamente por lograr una primera frase brillante para el inicio de nuestro relato puede constituir un verdadero bloqueo.

Para paliar este momento de indecisión o este indiscutible desafío, como prefiramos considerarlo, otra buena opción la constituye el llevar un diario.

Si nos decidimos por este recurso —que recomendamos vivamente—, deberemos hacer un apunte todos los días, aunque solo dediquemos a esta tarea (grata tarea, además) unos pocos minutos. Estas breves anotaciones, que pueden semejar una especie de «confesión» personal, han de hacerse a vuela pluma, sin pensar demasiado en el estilo adoptado, en la calidad artística de lo que se escriba o en cualquier otro concepto que pueda constituir una cortapisa.

Las anotaciones que se puedan hacer en un diario constituyen una buena opción para enfrentarse al reto que constituye la escritura de un relato o de una novela corta.

Esta anotación diaria no tiene por qué ser un apunte minucioso de lo acaecido durante el día. Bastará con que hayamos plasmado en esa página una imagen, un recuerdo, un incidente vivido que nos haya dejado huella. También podemos hacer referencia a un tema de debate o a una conversación que nos hayan llamado la atención durante la jornada.

De todos modos, como decimos, puede ser acertado escribir lo que se nos venga a la mente en ese preciso momento. Y como esas líneas solo van a tener una lectura personal, es aconsejable manifestarse en ellas con plena sinceridad, sin que debamos preocuparnos demasiado por la perfección estilística de lo escrito.

También sería buena idea llevar con nosotros un pequeño bloc de notas en el que apuntemos una impresión, un pensamiento instantáneo, posiblemente irrepetible, que pueda aflorar en cualquier momento y que, sin duda, resultará estimulante. Esos vibrantes «instantes iluminados» que surgen muchas veces en nuestra mente menos consciente pueden constituir la esencia de nuestra observación.

Pero, ¡por favor!, no andemos impacientes tras esos momentos vibrantes, no los forcemos. Porque, como magistralmente afirmaba Chéjov, constituiría un craso error ponerse a escribir cuando la cabeza está cansada.

Habituémonos a anotar la impresión dejada por ese momento instantáneo y vibrante que surge a veces en el momento más inesperado.

Por todo lo dicho, el ejercicio diario de escribir esas líneas «desde el corazón» nos será muy útil cuando iniciemos la realización de ese relato o de esa novela corta, porque es casi seguro que ellas nos harán mucho más accesible la puerta de entrada a lo que vayamos a escribir.

Recordemos a este respecto que son y han sido muchos los autores famosos que han escrito diarios como fuente de inspiración. Henry James, por ejemplo, consideraba su diario como un elemento fundamental a la hora de inspirarse en lo que escribía.

Además, el diario nos permite volcar en él ideas, ensoñaciones, proyectos e intuiciones que, muy posiblemente, no van a surgir en otro momento. Un caso que también merece la pena apuntar es el de Virginia Woolf, que afirmaba en *Las olas* (tal vez, su novela más conseguida) que esa obra había sido concebida en los momentos de intimidad con su diario.

Los apuntes que se puedan hacer en un diario deben huir de todo perfeccionismo. Espontaneidad y sinceridad son todo lo que se pide en esa anotación íntima.

Continuando esta larga lista de autores consagrados que consideraron el diario un elemento de ayuda para su creación literaria no hay que olvidarse del ya mencionado Henry James, quien recomendaba a todo escritor que llevase siempre consigo un cuaderno en el que apuntase de forma muy breve sus impresiones más íntimas. Por su parte, Allen Ginsberg, el creador de la llamada *Beat generation*, escribía en su diario copiando unas célebres frases escritas por Kafka en 1912: «Mantén vivo tu diario. Escribe regularmente. ¡No te rindas!».

Ahora bien, ese «no rendirse» al que tan sabiamente se refería Kafka no implica —añadimos nosotros— la obligación perentoria de escribir por escribir, de hacerlo sin ánimo ni concierto.

Un cuaderno de apuntes, siempre a mano, es el mejor compañero del escritor.

A partir de ahí, de las anotaciones hechas a vuela pluma en el diario o en el cuaderno de apuntes, nos será más fácil dar principio y desarrollar después ese relato, o esa novela corta, que tenemos en mente.

Más sugerencias para el inicio del relato

Y si las anotaciones hechas en el diario personal, como decimos, pueden ser un elemento que nos estimule para dar principio al relato o a la novela breve que tenemos en mente, existen asimismo otros medios que pueden sernos de mucha utilidad. Un simple cuaderno, en el que hagamos las anotaciones que nos surjan en cualquier momento, esas impresiones que se producen a veces de modo no premeditado y que pueden constituir los puntos de apoyo y las súbitas ilustraciones para nuestra escritura.

Los sueños, por su parte, constituyen asimismo una magnífica fuente de información. De igual forma que los recuerdos e imágenes conscientes que almacenamos en la memoria, representan un elemento muy valioso a la hora de crear esa novela corta o ese relato breve.

La información contenida en los sueños es un elemento muy valioso a la hora de la creación literaria, como lo confirman los múltiples relatos basados en sueños e imágenes oníricas.

Ionesco, el gran dramaturgo, aseguraba que él dejaba que los personajes y los símbolos de sus obras surgieran en su inconsciente como si estuviera entregado a un sueño, y que siempre empleaba como materiales disponibles los restos del sueño que había tenido la noche anterior. «Los sueños —afirmaba— son una realidad en el plano más profundo. Y lo que uno pueda inventar es también verdadero, porque la invención, por su propia naturaleza, no puede ser mentira.»

Autores como Stevenson, Mary Shelley o Coleridge afirmaban también que las ensoñaciones nocturnas habían sido para ellos sumamente valiosas a la hora de iniciar sus obras, porque los símbolos que habían visto en esos momentos del sueño profundo nunca los habrían tenido en la vigilia.

Norman Mailer, el autor de obras tan conocidas como *Los desnudos y los muertos* o *Marilyn*, no dudaba en afirmar que era muy importante la relación existente entre el escritor y su inconsciente. Y la ya mencionada Virginia Woolf aseguraba que había percibido la trama de su novela *Las olas* como algo que flotaba en la inmensidad de las aguas que, en cierta ocasión, contempló desde la ventana de su casa. (Como dato curioso apuntaremos que la famosa escritora se suicidó ahogándose.) En todo caso, uno y otra concedían mucha importancia al papel que la ensoñación, el subconsciente, los sueños y ensueños desempeñan en la obra del escritor.

Son muchos los relatos breves y las novelas que tuvieron como elemento inspirador los sueños y las imágenes oníricas.

Por nuestra parte, estamos convencidos, como tantos otros escritores, que los sueños pueden hallarse en el origen de la creatividad, ya que en el fondo constituyen expresiones de aquellas experiencias que tratan de convertirse en realidades.

Se ha de aconsejar, sin embargo, no abusar de la importancia o de la ayuda que, indiscutiblemente, representan los sueños y las imágenes oníricas. Un destacado crítico dijo al respecto con indudable sentido del humor: «Con un sueño por novela, basta».

No obstante, todo ello no es obstáculo para que a la hora de escribir esa novela corta o ese relato breve tengamos presente que el mundo de lo que aparentemente se considera irreal representa una excelente plataforma para recrear y dar sentido a lo que solemos considerar «mundo real».

Decía Goethe que solamente el Árbol de la Vida era verde y que todas las teorías eran grises. Y también se alegraba de «no haber pensado nunca en el pensamiento». ¿Y dónde mejor que en el sueño está ausente el pensamiento de lo racional, de lo previamente pensado?

Augusto Monterroso, autor al que también habremos de referirnos en otras páginas de este libro, lograba la síntesis de esa fusión de lo real y lo irreal con su espléndido relato mínimo «El dinosaurio»: «Cuando despertó, el dinosaurio todavía seguía allí». Es difícil poder sugerir tanto con sólo siete palabras.

De la invención del relato hasta su forma definitiva

Fue Henri Bergson quien creó para el cuento y el relato breve la expresión «esquema dinámico de sentido», afirmando que cuando iniciamos el camino de la invención, nuestra mente arranca de una idea y procura su solución.

Así pues, la mente del escritor del relato —e incluimos también aquí el cuento y, en buena medida, la novela corta— va de lo abstracto a lo concreto. Los personajes que hemos creado se van rehaciendo sobre la idea que, en principio, habíamos imaginado. En el fondo, ese relato breve —o ese cuento— que vamos a escribir constituye un sistema de acciones que han de realizar los personajes que construimos. Y esos personajes piensan, reflexionan y, ante todo y sobre todo, realizan acciones físicas.

El relato es un conjunto de acciones, en un principio solamente imaginadas por el escritor, que cobrarán dinamismo en manos de los personajes.

Sucede con demasiada frecuencia que no sepamos cómo iniciar nuestro relato, ni cuál ha de ser la frase afortunada que captará el interés del lector. Pero nuestra tarea ha de ser la de escribir, de no cesar de escribir, porque si lo hacemos así es seguro que encontraremos más tarde ese inicio tan deseado. Lo que en un principio habíamos imaginado irá tomando forma a medida que vayamos trabajando.

Al insistir en este punto de la necesidad de ser constante y de entregarse enteramente a la escritura, aun cuando en un principio no alberguemos muchas dudas sobre cómo desarrollaremos nuestro relato, no podemos dejar de mencionar aquí lo que Bioy Casares recomendaba a todo nuevo escritor, al asegurarle que el pensamiento se va ordenando en el proceso de escribir y corregir lo escrito. Una recomendación que viniendo de tan magnífico creador de relatos merece ser tenida en cuenta.

Sugerencias

- Escoger cuidadosamente el tema del relato.
- Calcular la extensión que, aproximadamente, va a tener la novela corta o el relato breve que queremos escribir.
- Llevar un diario o un bloc de notas.
- Revisar y apuntar con la mayor precisión posible aquellos sueños que pudieran dar pie a un buen relato.
- Recordar que una acertada frase inicial puede marcar el ritmo del relato (sin caer en rebuscamientos estilísticos).
- Confiar en que las vaguedades y dudas tenidas al iniciar el relato se pueden superar mediante las correcciones hechas en el transcurso de su desarrollo.

Improcedencias

- Marginar las impresiones puntuales susceptibles de utilizarse a la hora de dar inicio al relato.
- Confiar a la memoria el recuerdo de una imagen onírica que pueda enriquecer el relato.
- Escribir cuando la mente se encuentra cansada.
- Conceder excesiva importancia a la calidad estilística de las primeras frases del relato.
- Abusar de las imágenes oníricas.
- Infravalorar los obstáculos que se puedan presentar en el desarrollo del relato.

Ejercicio

Antes de decidirse a escribir un relato breve o una novela corta, revise los siguientes puntos:

- ¿Considera que la forma literaria elegida es un «género menor» en el campo literario y que, por tanto, esa equivocada idea no requiere una gran atención a la calidad de lo que escribe?
- Escoja la imagen o la escena de alguno de los sueños que más le hayan impresionado y descríbala en pocas palabras.
- Memorice los tres relatos breves que más le hayan gustado y puntúelos de uno a tres.

Conclusión

Por tanto, el escritor creativo deberá:

- Volcar en la creación de su relato, o de su novela corta, la riqueza expresiva que hubiera podido necesitar una novela larga.
- Vigilar la narración de los puntos básicos, sin extenderse en descripciones accesorias.
- Buscar el equilibrio entre narración y descripción, es decir, vigilar la extensión concedida a cada parte.

A modo de recordatorio

El papel que desempeña el inconsciente a la hora de la creación literaria es de suma importancia, sin que importe mucho el hecho de que la obra tenga un fondo realista. El mundo onírico es permeable y, de hecho, puede invadir todos los planos conscientes en cualquier momento. Es este un punto de partida —y una fuente de inspiración— que el escritor ha de tener siempre presente, pero del que en ningún momento debe abusar.

2

LA TÉCNICA DE LAS OBRAS LITERARIAS CORTAS

Iniciando el camino

Antes de ponernos a escribir ese relato breve, ese cuento o esa novela corta que tenemos en mente, es necesario que nos hagamos algunas preguntas básicas. ¿Qué línea vamos a seguir en el relato? ¿Qué extensión vamos a darle? ¿Vamos a escribir un relato sobre un hecho real o será puramente fantástico? ¿Escribiremos un cuento, un relato breve o una novela corta? ¿Qué voz vamos a emplear en nuestra obra, es decir, qué punto de vista escogeremos para el narrador?¿La primera o la tercera persona? ¿Nos atreveremos incluso a hacerlo en segunda persona?

Estas y otras muchas preguntas deberán tener respuesta por nuestra parte antes de que nos enfrentemos con el desafío de la primera página.

Es muy importante que antes de escribir la obra que se tiene en mente estemos seguros del enfoque que vamos a darle.

En ocasiones, al pergeñar el primer párrafo se hace la luz y tenemos la idea clara de lo que queremos hacer. Lo nuestro será un relato más o menos breve —diez o quince páginas, tal vez— o es posible que optemos por lanzarnos a una novela corta esa obra que, como ya hemos dicho, puede extenderse hasta las cien páginas o algo más.

Pero no menos importante que la extensión que vayamos a dar a nuestro relato, o a esa novela corta que queremos escribir, es lo que podríamos denominar «nomenclatura» de la narración. ¿Escogeremos un relato de tipo social, psicológico, legendario, mitológico o, simplemente, preferiremos una breve narración que se encuentre a caballo entre lo periodístico y lo ficticio? Evidentemente, hemos de acoplar el contenido al continente, es decir, hemos de adecuar el contenido narrativo a la extensión del relato. (Y no vamos a caer aquí —porque nos parece improcedente— en cuestiones de estadística, en la que hay estudiosos que establecen el número de palabras que ha de tener una novela corta, un relato normal o un relato o cuento breve.)

Hay casos en la historia de la literatura en los que el autor tenía pensado escribir tan solo un relato más o menos breve y terminó escribiendo una obra muy extensa. En ocasiones también se ha dado el caso contrario: la novela larga que, al final, se reduce de tal forma que queda convertida en una obra de corta extensión. El escritor mexicano Juan Rulfo podría hablarnos largo y tendido a este respecto. Su genial novela *Pedro Páramo* era en principio, según confesó el propio autor, una obra muy extensa a la que fue reduciendo hasta convertirla en la novela más bien corta que hoy conocemos. Sin embargo, no por ello deja de ser una de las obras más interesantes del realismo mágico hispanoamericano.

Un axioma que debe tenerse en cuenta: en toda obra literaria siempre resultará más fácil, e incluso más oportuno, reducir que ampliar.

De todos modos, hemos de insistir en que es conveniente que sepamos desde la primera página —desde el primer párrafo, para ser más exigentes— si lo que vamos a escribir va a ser un relato breve, un cuento o una novela corta. Como veremos más adelante, cada una de estas formas literarias posee su propia estructura estilística y no conseguiremos hacer una buena novela por el mero hecho de añadir más folios al relato breve que ya tenemos escrito. No se trata, simplemente, de un tema de extensión.

La concisión como norma

Una de las particularidades que presentan las obras literarias cortas —y muy especialmente cuando hablamos del relato breve— es que en ellas el autor no necesita explicar con prolijidad ni mucho detalle lo que sucedió antes o lo que pueda suceder después de la acción que se cuenta. Lo que realmente importa es el momento presente y dependerá de la fuerza de las imágenes con que lo vistamos el efecto que llegue a producir en el lector. Esto tiene mayor importancia cuando lo que estamos escribiendo es un relato breve.

Un destacado crítico dijo, refiriéndose a este tipo de obras literarias de corta extensión, que el escritor debe esforzarse en tener una forma precisa y única de mirar las cosas y en saber encontrar el contexto adecuado para poder expresar esta forma de mirar.

Según E. Wharton, la norma de que una novela corta debe contener en la primera página el germen de toda la obra, es aún más cierta en el caso del relato breve, porque en este «la trayectoria es tan corta que prácticamente coincide el trueno con el relámpago».

Podríamos afirmar que en esto consiste básicamente la técnica de este género literario. Descubrir en el transcurso de un número limitado de páginas el punto de vista personal —y original— que tiene el autor sobre algo o alguien. Un punto de vista con el que se pueda distinguir la visión propia de cualquier otra.

En las obras literarias de corta extensión, ya sean novelas o relatos, es conveniente que el autor deje claro en pocas páginas su punto de vista.

Sin duda alguna, la trama constituye la herramienta más esencial para que el lector se sienta interesado por la obra constituyendo, por así decir, su ensamblaje. Evidentemente, si la trama está bien «ensamblada», el lector mostrará interés por la lectura. Y si este punto es importante en toda obra narrativa, mucho más lo será en estas creaciones de más corta extensión. Al fin y al cabo, no lo olvidemos, lo que pretende todo autor es que el lector se convierta en cómplice interesado en su obra.

Así pues, precisión y concisión son las claves de este tipo de obras breves. Y, por consiguiente, las características que se han de tener más presentes.

Trátese de buscar un modo preciso de mirar las cosas y de hallar la forma adecuada de expresar esa mirada.

Como es evidente, cada obra necesita —y hasta exige— una determinada extensión, ya se trate de una novela larga, de una corta o de un relato breve. Pero no es solamente la extensión lo que diferencia estas tres formas narrativas sino también, y de forma capital, la intensidad y la condensación que pueda mostrarse en ellas. Estas son en definitiva las características de toda buena obra de ficción. Y si bien en una novela larga el autor puede permitirse el lujo de establecer digresiones, variaciones y desvíos en el argumento y la trama, en las novelas y relatos breves, debe atenerse a un incidente central —que constituirá el núcleo de la obra—, sin que existan mayores desviaciones.

Insistamos en que en el relato y en la novela corta la brevedad reclama concisión. Así pues, deben omitirse tanto las descripciones pormenorizadas como la inclusión de subtramas que no estén directamente vinculadas con el tema principal.

El punto de vista

Aclaremos, ante todo, lo que ha de entenderse —al margen de cualquier otro tipo de definición, más o menos sofisticada— por «punto de vista». Es esta una expresión muy corriente, pero que conviene aclarar, sobre todo cuando hablamos de lo concerniente a lo que ve y narra el autor del relato.

Punto de vista es el foco emocional desde el cual se desarrolla la acción de una historia. Si ese punto de vista —esa voz narradora— se muestra objetivo, se limitará a contar los hechos de una forma carente de emoción, sin que el narrador se preocupe poco ni mucho por adentrarse en la mente del personaje. En el caso de nuestro relato breve es necesario que este requiera una emoción más o menos fuerte, por lo que resulta evidente que habremos de escribirlo desde un punto de vista subjetivo.

En este punto de vista subjetivo, como narradores compartimos con el lector los pensamientos de los personajes del relato. Y el lector, al conocer lo que ellos piensan y sienten, se identifica emotivamente con esos personajes, involucrándose en la acción de la historia contada. El personaje a través del cual proyectamos la historia es, en definitiva, el que crea el punto de vista.

En el punto de vista subjetivo, el narrador comparte con el lector la interioridad de los personajes que intervienen en el relato.

No debemos olvidar que si seleccionamos un punto de vista subjetivo, ese será precisamente el que determinará la emoción y el grado de continuidad dramática del relato. La mayoría de estos relatos breves están escritos partiendo del punto de vista del protagonista.

El punto de vista real

En el universo de la narración, el punto de vista real es el expresado por el escritor de acuerdo con las circunstancias que le rodean, las que percibe e imagina. En todo caso, debemos aclarar que el punto de vista real no es el que teníamos como escritores antes de escribir nuestro relato sino ese otro punto de vista imaginario en el que vamos ordenando la acción del cuento o del relato.

Se ha dicho ya que en las obras literarias de corta extensión es fundamental saber escoger el punto de vista adecuado desde el cual se va a tratar la obra. Supongamos que ya hemos pensado, en líneas generales, la historia que vamos a contar. Pero, ¿quién va a contarla? ¿Elegiremos la primera o la tercera persona para desarrollar esa novela corta o ese relato breve que nos disponemos a escribir?

La elección del punto de vista, es decir, la voz que va a contar los hechos narrados en el relato, es un elemento fundamental que debemos seleccionar antes de iniciar la obra.

En su obra *La fuente de la edad* un escritor tan actual como es Luis Mateo Díez afirma que el hallazgo de la voz narrativa constituye el problema inicial de toda novela. Cuando ya sabemos qué es lo que vamos a contar, es imprescindible escoger acertadamente la voz que lo contará. Es una decisión que conlleva no solo el punto de vista —es decir, el conocimiento que ha de tener el escritor de lo que cuenta en su obra— sino también el grado de objetividad o de complicidad de la voz que lo cuenta.

Ha de tenerse muy presente que elegir de forma inadecuada el punto de vista narrativo constituye uno de los errores más graves y más frecuentes que se puedan cometer.

Como es lógico, la elección de la primera persona es un recurso perfectamente adecuado si se quiere escribir un relato de índole autobiográfica.

De hecho, son muchos los autores que han optado por una experiencia personal a la hora de escribir un relato breve. Y nada tiene de particular que al elegir ese punto de vista personal hayan logrado una mayor conexión con el lector.

Si se ha optado por escribir un relato de corte autobiográfico, lo más acertado será utilizar siempre la primera persona.

Aunque el relato breve o la novela corta que estemos escribiendo tenga matices autobiográficos y, por consiguiente, debamos utilizar la primera persona, la perspectiva y la óptica de la narración nunca deberá adoptar matices encomiásticos. Una cierta dosis de humildad —característica que debe estar presente en toda obra creativa— es imprescindible en estos casos. Se hace totalmente comprensible que el lector que aprecie síntomas de narcisismo o megalomanía por parte del autor en esa obra, la desechará de inmediato y con razón sobrada.

Si escogemos la narración en primera persona, hemos de preocuparnos por dejar bien claro que esa voz será la que desempeñe el papel de un personaje, tanto si está hablando el protagonista como si lo hace un testigo de los hechos que se narran (el cual, en definitiva, viene a desempeñar el mismo papel protagonista).

Si bien los relatos autobiográficos o libros de memorias suelen ser obras de considerable extensión, no es extraño que encontremos obras cortas con idénticas características. Si escogemos esta línea para nuestro relato breve —la narración de un recuerdo, de una vivencia cercana, etc.—, la carencia de egocentrismo es algo obligado.

Los relatos en primera persona requieren una óptica mucho más objetiva y distante que cualquier obra escrita en tercera persona.

Veamos seguidamente un par de ejemplos en los que aparecen patentes dos posturas absolutamente antagónicas, narradas con el mismo punto de vista personal.

Dos criterios antagónicos

Los dos ejemplos que seguidamente mencionamos tienen el mismo punto de vista: están escritos en primera persona, puesto que ambos son relatos autobiográficos. Sin embargo, entre ellos existe un abismo: la sencillez que hay en uno y la megalomanía que se aprecia en el otro.

Los dos relatos tienen la característica común de ser obras de corte autobiográfico. El escritor está narrando con el «yo» del narrador protagonista y, evidentemente, tiene que hablar en primera persona de lo que siente o de lo que le ha ocurrido a él. Como es lógico, al hacerlo así, está contando el relato desde ese punto de vista del «yo» personal. Y ello implica que en la obra quede patente toda su personalidad más íntima.

Es obvio afirmar que en el relato autobiográfico, el narrador-protagonista debe cuidar la sinceridad de lo narrado.

Cuando Ernesto Sabato se decidió a escribir una breve obra de carácter autobiográfico, una especie de testamento espiritual —su título, *Antes del fin*—, este genial escritor, autor de obras tan significativas como puedan serlo *Sobre héroes y tumbas* o *Abbadón el exterminador* se expresa de esta manera:

«Me acabo de levantar, pronto serán las cinco de la madrugada. Trato de no hacer ruido, voy a la cocina y me hago una taza de té. Mientras, intento recordar fragmentos de mis ensueños, esos semisueños que, a estos ochenta y seis años, se me presentan intemporales, mezclados con recuerdos de la infancia. Nunca tuve buena memoria, siempre padecí esa desventaja, pero tal vez sea una forma de recordar únicamente lo que debe ser, quizá lo más grande que nos ha sucedido en la vida, lo que tiene algún significado profundo, lo que ha sido decisivo —para bien y para mal— en este complejo, contradictorio e inexplicable viaje hacia la muerte que es la vida de cualquiera. *Por eso mi cultura es tan irregular, colmada de enormes agujeros*, como constituida por restos de bellísimos templos, de los que quedan pedazos entre la basura y las plantas salvajes. Los libros que leí, las teorías que frecuenté, se debieron a mis propios tropiezos con la realidad... En torno a penumbras que avizoro, en medio del abatimiento y la desdicha, me dispongo a contar algunos acontecimientos, entremezclados, difusos, que han sido parte de tensiones profundas y contradictorias, *de una vida llena de equivocaciones, desprolija, caótica, en una desesperada búsqueda de la verdad.*»

Este bello y sincero párrafo con el que quisiéramos rendir homenaje a este escritor genial y honesto (no se olvide la valentía de su *Informe Sabato*, en el que denunció abiertamente los crímenes cometidos por la dictadura argentina entre 1976-1983) contrasta frontalmente con el que incluimos a continuación, perteneciente a las *Confesiones inconfesables*, del igualmente genial, aunque profundamente histriónico, Salvador Dalí:

«Mi magia-paranoia no ha cesado de molestar a los surrealistas… mi propia *Yo soy el médium de mi propia imaginación*. Basta que mire fijamente a mi tela, para que surja una nueva verdad de lo real. Puedo hacer desaparecer a voluntad tal o cual objeto. *Hago invisible lo visible eliminándolo con mi fuerza alucinatoria. Mi delirio creador tiene una fuerza fatal…*»

No es necesario hacer comentario alguno. El antagonismo existente entre ambos relatos conmueve en un caso y hace sonreír en el otro.

Digámoslo una vez más: el distanciamiento y la visión objetiva de lo que se narre son fundamentales en el relato que se hace en primera persona.

Tanto si escribimos un relato breve como una novela corta, con el punto de vista del narrador en primera persona, olvidémonos de narcisismos y megalomanías. Un lector sensible no dudará en abandonar la lectura de nuestra obra. La prudencia en este caso va unida a una buena dosis de humildad.

Apuntes sobre el narrador en primera persona

Si decidimos escribir nuestro relato o nuestra novela corta escogiendo la voz en primera persona, además de evitar posturas egocéntricas como ya se ha dicho (a menos que voluntariamente queramos remarcar esa postura), es muy posible que vivamos una experiencia un tanto extraña, aunque también poseedora de cierto atractivo. Estamos experimentando ciertamente una especie de duplicidad personal: somos autor y protagonista al mismo tiempo.

El escoger la primera persona como punto de vista nos puede ofrecer también otra ventaja, aunque no todos los escritores lo vean de ese modo: la facilidad que, en muchos casos, representa la utilización de esa voz. Se diría que da la impresión de que uno escribiera como si estuviera hablando con el lector. Se produce de esta forma un acercamiento, una identificación con quien nos lee que enriquece el relato.

Indiscutiblemente, al elegir ese punto de vista accedemos a una —posible— mayor espontaneidad y frescura, pero, ¡atención!, porque el empleo de esa voz también puede entrañar ciertos peligros.

La primera persona puede aportar un tono de mayor cercanía con el lector, pero conviene tener presente también que el narrador debe ser un protagonista más de la narración.

Hemos de ser conscientes en todo momento de que no somos nosotros, como autores, quienes estamos hablando, quienes estamos contando esa historia, sino que es el protagonista quien lo hace. Y ese protagonista posee su propia personalidad, sus inherentes características que no son, ni tienen por qué ser, las nuestras.

Una de las figuras literarias por las que sentimos profunda admiración, Marguerite Yourcenar, habla de las complejidades que entraña la escritura en primera persona. Refiriéndose a su magnífica obra *Memorias de Adriano* escribía lo siguiente: «Durante mucho tiempo imaginé la obra como una serie de diálogos donde se hicieran oír todas las voces del tiempo. Pero hiciera lo que hiciera, el detalle prevalecía sobre el conjunto; las partes comprometían el equilibrio del todo; la voz de Adriano se perdía en medio de todos esos gritos. Yo no acertaba a organizar ese mundo visto y oído por un hombre». Y esto lo afirma una escritora magistral.

Perdónenos el lector de estas líneas si insistimos en este tema, pero lo cierto es que si nos decidimos por ese punto de vista de la voz en primera persona, hemos de tener muy presente que el narrador ha de ser un personaje más de la historia. Por consiguiente, no podemos conocer las particularidades, el entramado psicológico, que guardan en su fuero interno el resto de los personajes. De esto hablaremos seguidamente.

El narrador omnisciente

Hay autores que a la hora de establecer el punto de vista, es decir, lo que entendemos como la voz del narrador, tanto si el relato está escrito en primera como en tercera persona, no dudan en emplear la actitud del que conoce a la perfección los recovecos de cuantos personajes figuran en el relato.

Si optáramos por emplear semejante técnica, deberemos ser sumamente cautelosos para que la voz de ese narrador «omnisciente» sobresalga sobre las voces del resto de los personajes. Este recurso permite profundizar en los pensamientos e interioridades del resto de los personajes, pero semejante fórmula entraña el riesgo de que el lector llegue a confundir las voces que le están narrando la historia. Y ya se ha dicho que al escribir una novela corta o un relato breve, la concisión y la claridad deben constituir principios de la máxima importancia.

En un relato breve o en una novela corta se ha de evitar —en mayor medida que en una novela extensa— la posible confusión de las voces narradoras, por parte del lector.

Suele suceder que ese narrador omnisciente sea un elemento propenso a mantener abundantes monólogos interiores. En una obra de corta extensión, semejante recurso puede entorpecer la lectura y muy probablemente nuestro lector se sentirá alejado de lo que le estemos contando.

Es conveniente que recordemos que si bien no resulta desacertado incluir algún tipo de reflexiones en un relato breve, sería más acertado que las dejásemos para obras de mayor extensión, autobiografías, memorias u otras de parecida índole. Como es natural, las novelas cortas admiten mejor este tipo de introspecciones, si bien lo más acertado será que también en este caso el autor haga el menor número de intromisiones en el desarrollo de la obra.

Más sobre el punto de vista

En ese relato, o en esa novela corta que nos proponemos escribir, también podemos manifestar el punto de vista del escritor empleando la segunda persona.

Se trata en este caso de una fórmula que suele ser menos habitual que las anteriores y que, además, encierra algunas dificultades de tipo técnico. Una de las limitaciones que presenta la narración en segunda persona es la falta de frescura que conlleva esta fórmula. Por lo general, suele emplearse en piezas teatrales, en las que el autor desea implicar en la obra al lector/espectador de un modo muy intenso.

Pero a pesar de las evidentes dificultades que pueda encerrar el escribir un relato en segunda persona, algunos escritores bien conocidos —aunque su número sea más bien escaso— no han dudado en utilizar esta fórmula.

Uno de los autores más conocidos que se decantaron por esta modalidad de tratamiento fue Italo Calvino en su novela *Si una noche de invierno un viajero*. En este caso, la utilización de la segunda persona fue un acierto y la obra tuvo un notable éxito.

El empleo de la segunda persona en un relato, además de ser poco frecuente, conlleva no pocas dificultades.

Otro escritor que no dudó en emplear este punto de vista fue el americano Jay McInerney, que alcanzó cierto renombre con su novela *Bright Lights, Big City*. No obstante, la obra de este autor está muy por debajo de la de Calvino. Personalmente, no tenemos noticia de que haya vuelto a utilizar esa voz de la segunda persona.

Tampoco quisiéramos olvidarnos, al hablar del empleo de esta voz narradora, a Michel Butor, excelente autor que la emplea en su bien conocida obra *La modificación*. Recordemos que Butor, juntamente con Robbe Grillet, Nathalie Sarraute y algunos otros escritores formaron el grupo de novelistas franceses creadores de lo que dio en llamarse «objetivismo». De *La modificación* se ha dicho que marcó nuevos rumbos en la literatura de nuestro tiempo.

La historia de esta novela, por la importancia y novedad que encierra en la utilización de la segunda persona, merece un pequeño comentario, pese a la simplicidad de su argumento: un hombre de negocios realiza un viaje por tren, aparentemente rutinario, entre Roma y París. Pero el propósito de ese viaje es otro: el protagonista está decidido a dejar a su mujer y a sus hijos para establecerse en Roma con su joven amante, que vive en esa ciudad.

Por la objetividad que el autor se esfuerza en mostrar a lo largo de toda la obra, esta novela de Butor se inscribe de lleno en la llamada literatura experimental. Veamos un párrafo, claro exponente de la voz en segunda persona: «Del otro lado del corredor, a través de las dos ventanas secas pero sucias, usted ya no distingue el cielo, sino simplemente la pendiente con las casas que se escalonan y se diseminan; y un ciclista que baja a toda velocidad por un camino sinuoso, con un impermeable grisáceo que vuela horizontal detrás de él. Pasa la estación de Voglans».

Nos encontramos aquí con un narrador identificado plenamente con su personaje. Las obras de Butor pertenecientes al famoso movimiento literario del *nouveau roman*, cuyo exponente máximo es la novela que acabamos de mencionar, se basan en descripciones de la realidad, impersonales y minuciosas hasta la obsesión. El genial Cortázar también utilizó en alguno de sus relatos breves esta forma original, y a veces un tanto complicada para el lector, de la segunda persona.

Por todo lo que hemos dicho, insistiremos nuevamente en que son escasos los escritores que se inclinan en sus novelas por el empleo de esta fórmula. Es una modalidad que no gusta demasiado porque, a parte de la dificultad que supone, implica cierto distanciamiento y frialdad en el tratamiento del relato que de ningún modo favorece la conveniente complicidad que ha de existir entre autor y lector. Además, la segunda persona —el «tú», más o menos explícito— termina por resultar cansino y, como hemos dicho, siempre resulta distante.

Siguiendo con el enfoque del relato

El abanico de las voces narradoras de nuestro relato es, como ya hemos visto, bastante amplio. Desde el narrador que parece saberlo todo hasta el que muestra unos conocimientos limitados; y desde los que se muestran más subjetivos hasta los que aparentan una mayor objetividad.

Y es precisamente en ese momento de la creación del relato en el que ya hemos clarificado quiénes son los personajes y la manera cómo van a evolucionar en nuestra obra, cuando deberemos detenernos un momento para establecer cuál va a ser el enfoque más acertado. No olvidemos que incluso un argumento poco original puede convertirse en una historia interesante si logramos darle un enfoque diferente y apropiado.

Toda narración literaria —relato breve, cuento, novela corta, etc.— es, sobre todo, un juego de voces.

No está de más insistir en la posibilidad de un error de enfoque. Muchas veces, el autor del relato, si no presta la debida atención a lo que está escribiendo, cambia el punto de vista en el transcurso de unas pocas líneas o de unos cuantos párrafos. Una alteración de esta índole termina por crear desconcierto en el lector que no sabe muy bien dónde se encuentra o quién le habla. Y si llega a preguntarse, un tanto confuso, quién le está contando la historia, es muy probable que pierda todo el interés por lo que lee.

Tampoco es raro el caso de autores que empleen en una misma novela, y de forma acertada, una combinación de primera y tercera persona. Distintos escritores anglosajones de la actualidad lo hacen muy conspicuamente. Apuntemos también aquí que, por lo general, se trata de novelas de notable extensión.

Si en nuestro caso quisiéramos hacerlo en la creación de nuestra novela corta —el relato breve no se presta en absoluto a semejante combinación—, hemos de tener mucho cuidado en utilizar esas voces, esos puntos de vista, en distintos capítulos, a ser posible consecutivos. Si no lo hiciéramos, se puede crear, como ya hemos dicho, una segura confusión en el lector.

La combinación de la primera y la tercera persona en una obra requiere una profunda atención por parte del autor en la secuencia de la narración. Un relato breve difícilmente admitirá semejante alternancia de voces.

Existe un buen recurso para el empleo de las dos voces —la primera y la tercera persona— en una novela corta o, incluso, en un relato breve. Se trata de la inclusión de cartas o diarios en el transcurso de la narración. Este «truco» —permítasenos calificarlo de tal— nos dará la oportunidad de utilizar los dos puntos de vista y, además, comprobar con cuál de las dos voces nos sentimos más cómodos a la hora de escribir nuestra obra.

Búsquese siempre el punto de vista, la voz narradora, con la que nos sintamos más vinculados.

Al hablar de la alternancia de voces en una novela nos viene inevitablemente a la memoria la obra capital del genial Sterne, quien ya en el siglo XVIII jugó con esa técnica de forma maestra en su famosa *Tristram Shandy*. Su dominio de la narración y su desbocado ingenio influyeron notablemente en escritores muy posteriores como puedan ser Virginia Woolf, Samuel Beckett, Michel Butor o el mismo Joyce, por citar algunos nombres famosos. *Tristram Shandy,* «esa obra rica, ambiciosa, compleja, burlona y poco definible», como se la ha calificado acertadamente, es un continuo juego de espejos. Naturalmente, la extensión de la novela —más de seiscientas páginas— permitía todo tipo de alternancias, algo que resulta muy difícil y poco aconsejable en una novela corta o en un relato breve.

Al tocar el tema de las voces que intervienen en el relato, es decir, el punto de vista desde el cual el autor desarrolla la acción de la obra, afirmaba Vázquez Montalbán que este tema constituía una de las grandes dificultades que se le presentaban al escritor a la hora de dar verosimilitud a su relato. Y seguía diciendo: «Un punto de vista es el del propio autor, a la manera del realismo clásico. En el otro extremo está esa cámara de cine del *nouveau roman* que propone al lector que sustituya cualquier punto de vista por el suyo propio, recomponiendo las propuestas de imágenes y conductas objetivadas. Si por el primer camino se puede llegar a todo tipo de excesos subjetivistas, por el segundo se llega a la posibilidad de ver la guía telefónica de Cuenca como una posible novela que el lector está en la obligación de rehacer».

Es muy posible que como autores tengamos nuestro propio punto de vista sobre los hechos que contamos, pero no debemos olvidar que ha de ser el protagonista el que manifieste y concrete el suyo propio. En pocas palabras: el personaje ha de ser libre para manifestarse y moverse a lo largo de la obra, dejando a un lado las posibles preferencias que, como autores, podamos tener.

Olvidémonos de nuestro propio punto de vista al escribir el relato y dejemos entera libertad a nuestro protagonista para que sea exclusivamente él quien manifieste el suyo propio.

Digamos, por tanto, que el punto de vista es, ni más ni menos, el enfoque que el autor quiere dar a su novela. Es la voz clarificadora que nos cuenta la historia. Y esa voz, en ocasiones, puede ser muy variada. Pero es usted, autor que nos está leyendo, quien debe escoger, como ya se ha dicho, el punto de vista con el que se sienta más cómodo, el que le haya de brindar más posibilidades para mantener una mejor comunicación con el lector a lo largo de toda la narración.

Vale la pena incluir, al respecto, la opinión de Borges, quien afirmaba que era mejor que el escritor interviniera lo menos posible en su relato, porque en el fondo no era más que un amanuense: recibía algo y trataba de comunicarlo al lector.

Sugerencias

- Estar seguros del enfoque que vamos a dar a nuestro relato o a nuestra novela corta.
- Aprender a reducir más que a ampliar los detalles en el relato breve.
- Dejar claro el punto de vista.
- Conocer la óptica que se requiere para un relato en primera persona
- Evitar la confusión de las voces narradoras.
- Dejar en libertad al protagonista para que sea él quien se manifieste a lo largo del relato.
- Tener presente la dificultad que conlleva la voz narrativa en segunda persona.
- Escoger siempre la primera persona en toda obra de corte autobiográfico.

Improcedencias

- Extendernos en detalles accesorios
- Dotar de matices encomiásticos a la narración.
- Prescindir de una óptica objetiva en el relato en primera persona.
- Escribir en segunda persona, desconociendo la dificultad que esto entraña.
- Olvidar los riesgos que puede entrañar el uso de la primera persona en el relato.
- Intervenir en la actitud de los protagonistas del relato.
- Adoptar la postura del narrador «sabelotodo».

Ejercicio

- Escriba unos pocos folios en primera y en tercera persona y compruebe con cuál de las dos voces se siente más identificado.
- Observe hasta qué punto puede mantener un estilo objetivo en la breve narración de un suceso cotidiano.
- ¿Ha sabido apreciar la diferencia de tono de los dos fragmentos insertados en este capítulo?

Conclusión

El escritor de una novela o de un relato breve debe cuidar ante todo la concisión y la intensidad de la narración, evitando las complicaciones y desviaciones estructurales propias de una novela larga. Una narración de estructura compleja en una novela corta —y, más aún, en un relato breve— tan solo serviría para distraer y confundir al lector.

A modo de recordatorio

Las composiciones literarias de corta extensión son la piedra de toque —debido a su necesaria concisión y precisión— para los trabajos más extensos que se puedan llevar a cabo en el futuro.

3

ALGUNAS PARTICULARIDADES DE LAS OBRAS LITERARIAS BREVES

Unas recomendaciones fundamentales

Cuando hayamos decidido qué tipo de obra vamos a escribir, si va a tratarse de un relato breve o de una novela corta —esa forma literaria que los franceses llaman *nouvelle,* con criterio más o menos acertado—, sería muy conveniente que leyésemos con mucho detenimiento alguna de las obras famosas que con esta forma literaria abundan en el mercado.

Aunque en las últimas páginas de este libro comentaremos algunos textos para conocer, en la medida de lo posible, las claves que encierran, iremos perfilando en este capítulo ciertas características de lo que puede llegar a ser nuestra futura obra.

Una medida acertada es analizar cuáles son, a nuestro juicio, los puntos clave de ese relato cuya lectura tanto nos ha complacido.

No son pocas las personas que piensan que para poder escribir un relato o una novela hay que conocer absolutamente todo lo que se va a desarrollar en ella. Y que hay que conocerlo desde el primer párrafo. Si esa fuera la condición indispensable, es muy probable que nadie tuviera la capacidad de escribir siquiera un relato, por breve que fuera. Estructurar de cabo a rabo el desarrollo de una narración desde su inicio es una tarea compleja y, en buena medida, improcedente, porque la dinámica del relato es susceptible de variar el rumbo de lo que teníamos previsto en un principio.

Tampoco nos cansaremos de insistir en que, a fin de que nuestro relato pueda fluir adecuadamente, en el primer borrador hemos de reducir nuestra capacidad crítica en lo que a estilo se refiere. Ya tendremos tiempo más adelante para dedicarle las horas necesarias a la corrección.

Lo que podríamos denominar «conciencia creativa», es decir, el saber cómo vamos a desarrollar cada una de las páginas de nuestra obra, es una pura entelequia. Naturalmente, existen esos escritores afortunados que tienen bien planeado cómo va a ser el principio, el desarrollo y el final de su obra, incluso las escenas que piensan incluir en cada uno de los capítulos, pero podemos asegurar sin temor a equivocarnos que esa clase de escritores tan puntillosos y organizados son muy escasos.

Mi experiencia como escritor me dice que si bien es necesario tener una idea, lo más precisa posible, de lo que queremos contar en ese relato y de cuáles han de ser sus puntos clave, el desarrollo de cada paso, de cada escena, la posesión de esa conciencia creativa antes mencionada es no solo un trabajo arduo sino más bien innecesario, las más de las veces. Y esto se puede decir, y en mucha mayor medida, cuando hablamos de una novela por corta que sea.

Diferencias y similitudes entre el relato breve y la novela corta

Es posible que el escribir ese relato o esa novela corta que tenemos pensada constituya una experiencia gratificante, pero no olvidemos que la creación de toda obra literaria, ya sea larga o corta, representa una aventura y que, como tal, no podemos adivinar en un principio cuáles podrán ser los obstáculos que se nos presentarán en su desarrollo. Al fin y al cabo, la escritura discurre —en cierta medida— por los mismos cauces imprevisibles por los que se desenvuelve nuestra propia vida.

Esto no quiere decir que vayamos a desarrollar nuestra obra de una forma anárquica, sin ton ni son. Toda frase, incluso toda palabra de nuestro relato, debe tener por objetivo lo que Alan Poe denominó «unidad de efecto». ¿Tendría sentido que conociéramos a la perfección la técnica de escritura de un relato y no la pusiéramos en práctica a la hora de contarlo?

Plantearse, en líneas generales, la realización de cualquier obra literaria antes de escribir la primera frase es algo a lo que estamos obligados, pero no podemos recurrir de antemano a fórmulas establecidas porque la escritura de esa obra que hemos pensado variará sin duda, irá creciendo, ramificándose, desarrollándose a medida que la vayamos escribiendo. La narración tiene su propia dinámica y, en la mayoría de las ocasiones, nosotros, como escritores, tan solo podemos seguir esa particular energía.

No tratemos de buscar fórmulas magistrales a la hora de escribir ese relato breve o esa novela corta que tenemos en mente para determinar su desarrollo.

Decía el ya mencionado Michel Butor, autor de obras en las que las descripciones de situaciones y personajes son tan minuciosas que incluso pueden resultar obsesivas, que no es el novelista quien hace la novela sino que es la novela la que se va haciendo sola. Una afirmación de esta índole en un escritor tan puntilloso como él es algo que hemos de tener muy en cuenta.

No nos queda, pues, otra opción que insistir en el hecho de que toda obra creativa —y nos estamos refiriendo a todas las artes— constituye esa aventura a la que antes nos referíamos. Y que, por consiguiente, hemos de dejar que la imaginación, ese *flash* instantáneo del hálito creador, juegue su papel determinante. Por tanto, a ese concepto ya mencionado de «conciencia creativa», habría que darle, tal vez, otra denominación y concretarlo en una creación más o menos inconsciente.

Pero veamos qué coincidencias y diferencias existen entre un relato breve o un cuento y una novela, sea esta corta o larga.

Para empezar, digamos que en los dos casos el autor desarrolla una situación real y que en ambas formas literarias se pretende que el final sea lo más sugerente posible.

Tanto en el caso del relato breve como en la novela corta, el escritor intenta desarrollar una situación más o menos real a la que pondrá fin de manera atractiva para el lector.

Al lado de esas posibles coincidencias, que no son demasiadas, las diferencias son muy claras. Digamos, en principio, que en un relato breve —lo mismo podríamos apuntar en el caso de un cuento—, el autor tiene que esforzarse en destacar qué es lo que está sucediendo o lo que va a suceder en breve, porque es la acción que se está desarrollando lo que realmente importa.

Y ese esfuerzo requiere, como ya hemos dicho en otra parte, que ese primer párrafo del relato pueda cautivar al lector. Y si como narradores quisiéramos mostrar los sentimientos del protagonista, sería buena cosa que esas frases iniciales dejaran traslucir ya tales emociones. Cortázar, por citar un autor genial, es maestro en semejante técnica, la cual desarrolla certeramente en muchos de sus relatos breves.

En una obra de mayor extensión, como puede ser una novela corta, ha de resaltarse la importancia de los personajes que en ella intervienen y las peripecias que puedan vivir. Ellos son los que, en definitiva, irán marcando la trama novelesca. Y será el lector el que ha de interesarse en lo que está sucediendo al protagonista y, por extensión, al resto de los personajes que intervienen en la historia.

Otras diferencias entre relato breve y novela corta

En un relato breve, lo que importa y, por consiguiente, lo que se cuenta, es el acontecer concreto, la emoción que se puede vivir en un momento dado, el instante emotivo. La novela, por el contrario, encierra un mundo de situaciones, acontecimientos y contingencias que se desarrollan secuencialmente.

El relato breve debe narrar con intensidad y concisión un hecho preciso, porque de ello depende su interés y eficacia. Y el lector tiene que congraciarse con la intensidad de ese momento único, ya que no va a existir —o no debe— una galería de personajes muy amplia, ni un entramado de situaciones y sucesos que sirvan para atrapar su atención.

En el caso de la novela, lo que generalmente se pretende es establecer un adecuado equilibrio entre sus distintas partes, porque su mayor extensión así lo permite y, en ocasiones, así lo exige la trama.

Elemento importante en la diferenciación entre relato y novela es la dimensión y el sentido que se le conceda al tiempo en la narración. En la novela, se va creando un sentido y una extensión de ese tiempo que puede ser más o menos dilatado. Por el contrario, en el relato breve o en el cuento, lo que importa es el momento, la impresión actual y determinante.

El relato breve exige concreción en el tiempo. En la novela, podemos dilatar ese tiempo narrativo.

Por lo que se refiere a los personajes de una y otra forma literaria, diremos que en el relato no tiene por qué profundizarse en las características de cada uno de ellos, mientras que esta condición es casi fundamental en toda novela, ya sea larga o corta.

En la novela, debe cuidarse no solo el desarrollo de esos personajes sino también, y de manera especial, el equilibrio que debe existir entre las diferentes partes de la obra, que han de verse unidas de una forma armónica. Y esta es una condición que para ser respetada necesita que sus personajes desempeñen su papel de forma conveniente. En el caso del relato breve, lo que se busca preferentemente es la intensidad. De todas formas, dado el papel determinante que juegan los personajes en una novela, hablaremos de ellos más extensamente en un posterior capítulo.

Como ya hemos dicho, al ser la novela un tejido de circunstancias, avatares, descripciones, etc., cada capítulo pide, o debiera pedir, la lectura del siguiente (siempre que esa novela esté bien tramada). En el relato, por el contrario, lo único que prima es la densidad y la concreción de ese acontecer único que se cierra en sí mismo.

La extensión en el relato breve

Toda obra literaria novelada puede exigir una determinada extensión. El flujo de los acontecimientos narrados, el perfil psicológico de los personajes a lo largo de la obra, las abundantes y necesarias descripciones requieren —tanto en una novela larga como en una corta— un adecuado desarrollo. Para ello será necesario dotar a la obra con la extensión que solicite la trama, especialmente cuando se está escribiendo una novela larga, porque alterar ese principio puede arruinar el relato.

Si la novela larga requiere riqueza y variedad en las descripciones y necesita secuenciar la narración, la novela corta pide concisión y mayor unidad. En el relato breve, se ha de extremar esa concisión.

Como fácilmente se puede suponer, en el caso de una novela corta, el ritmo es diferente al que existe en una obra de mayor envergadura, pues por la propia dinámica de su estructura ha de ser más intenso y acelerado, dado que se reducen los análisis y se limitan también las descripciones y posibles digresiones de los personajes. Tampoco es necesario remontarse en el tiempo para explicar las posibles características psicológicas de los protagonistas.

Por consiguiente, en una novela corta, hemos de cuidar mucho la extensión que concedemos a todos estos elementos, porque la obra ha de tener, sobre todo, unidad y nunca dispersión.

Y si esa forma de novelar exige concisión y unidad, en el relato breve es fundamental extremar esas características. En las limitadas páginas en las que se desarrolla la acción, debe reflejarse exclusivamente el momento, el presente, incluso lo transitorio y lo efímero. No es necesario extendernos en él, porque, de hacerlo, lo desvirtuaríamos. Solo necesitamos dar fuerza y concisión a esas escasas páginas en las que exponemos un hecho concreto, una situación determinada, un instante preciso.

El relato breve debe poseer como características la unidad y la precisión en la narración.

Al referirnos a la concisión que debe reinar en el relato breve, resulta inevitable mencionar a uno de los maestros de lo que podríamos llamar el «miniaturismo» en esta forma literaria: el guatemalteco Augusto Monterroso. Su relato —porque, al fin y al cabo, relato es— *El dinosaurio*, constituye uno de los epítomes más mencionados de la agudeza literaria. «Cuando despertó, el dinosaurio todavía seguía allí», nos cuenta Monterroso, haciendo gala de su singular ingenio.

¿A cuántos y profundos comentarios se prestan las siete palabras de este relato, uno de los más cortos que se hayan escrito nunca? En él, se contienen una serie de elementos que ofrecen múltiples y muy variadas referencias, además de todo un mundo de ensoñación. Como el mismo autor aseguró, sus interpretaciones eran tan infinitas como el mismo universo.

Brevedad y concisión: dos puntales de todo relato corto.

Evidentemente, no es fácil llegar a esa intensidad y concisión del ejemplo que hemos puesto de Monterroso, pero si queremos ser buenos escritores de relatos breves, es casi imprescindible que estudiemos a fondo la capacidad de síntesis que requiere esta forma literaria.

Recordemos que la brevedad es exigente y que la economía en las palabras tiene que constituir una de las premisas fundamentales del relato. Chéjov insistía en este punto: «La brevedad es hermana del talento», afirmaba sabiamente.

Por tanto, para lograr esa economía, es necesario, ante todo, que sepamos cuál va a ser la materia de nuestro relato, es decir, sobre qué podemos escribir. La respuesta a esta cuestión es muy simple, pero nada fácil: escribiremos sobre aquello que podamos y sepamos contar con interés.

Las modalidades en el relato

Al igual que sucede en la novela de mayor extensión, tanto el relato breve como la novela corta pueden tener múltiples variantes, si bien estas son más propias de la segunda forma literaria que de la primera.

El escritor es un inventor. O, para decirlo de modo más exacto, es un recreador. Y como tal puede extraer de materiales ya existentes fórmulas novedosas. En ellas es donde ha de poner a prueba todo su ingenio.

En este sentido, podemos experimentar tomando un aspecto de una novela, o determinados elementos de otra, para crear nuestro propio universo. Y no se debe pensar que esto desmerece nuestra labor creadora porque tal idea sería totalmente falsa. Muchos fueron los grandes escritores —desde Shakespeare hasta Joyce— que se inspiraron en tradiciones, leyendas u obras clásicas para escribir sus propias y magistrales obras.

Un material ya existente, un aspecto, una situación determinada, puede servir de base para la creación de nuestro relato o nuestra obra corta.

El relato, como ya hemos dicho, requiere una estructura diferente al de la novela. Su naturaleza sintética no permite divagaciones. No obstante, también aquí podemos recurrir a materiales existentes. Una novela de terror, policiaca, histórica, de aventuras o de ciencia ficción puede estimular en nosotros la creación de una impresión, de una imagen, de una simple frase, que dé pie a ese relato breve que es poseedor de unas características que nada tienen que ver con la fuente de la que ha partido.

Así pues, es factible —y totalmente lícito— valernos de un determinado aspecto de los modelos existentes para crear ese relato breve o esa novela corta que tenemos en mente. Recordando siempre que en el caso del relato, dado que se construye básicamente en un solo hecho, hemos de escribirlo de la forma más sucinta posible. Debemos iniciarlo bien y desarrollarlo hasta el final sin divagaciones, sin digresiones ni desvíos.

Todo relato debe tener un inicio sugerente para que pueda atrapar al lector.

Y no olvidemos tampoco que ese inicio atractivo debe tener como antesala el propio título del relato. Si sabemos escogerlo, ya estaremos estimulando las expectativas de nuestro lector. Un título corto es siempre recomendable. Claro que también aquí hay excepciones. Italo Calvino con *Si una noche de invierno un viajero* o Borges con *El jardín de los senderos que se bifurcan* son dos de los muchos y buenos ejemplos que podríamos poner como ejemplos de títulos que encierran un mundo de sugerencias para el lector.

Afirmaba Allan Poe —ese genio en el campo del relato y del cuento— que si el escritor ha sido inteligente, no ha ajustado su pensamiento para adecuarlo a los incidentes que aquel presente; muy al contrario, después de haber concebido con sumo cuidado cierto efecto único o singular que deba resaltarse en la narración, combinará los acontecimientos que más le ayuden para establecer el efecto previsto.

La importancia del tema en el relato breve y en el cuento

Decía Chéjov, maestro indiscutible de relatos inolvidables, que es posible que el escritor lo hubiera visto todo, o casi todo, antes de iniciar la historia. Pero no se trataba de lo que se había visto sino de *cómo* se había visto. Y en esa visión se encuentra la fuente de innumerables temas. Pero, repitámoslo: la forma de contar que hayamos escogido es tan importante como el tema seleccionado.

Algunos autores han sugerido, con excelente criterio, que no hay que preocuparse por saber si el tema que hemos escogido es bueno o malo: lo importante es dar a ese tema un tratamiento acertado. Pongamos el ejemplo de las obras cinematográficas. ¿Cuántas veces hemos visto en la pantalla un tema que nos resulta ya conocido y que, sin embargo, nos subyuga por la forma en que está contado?

Importante es también tener presente que, por lo general, no es adecuado —ni necesario— recurrir a grandes y profundos temas para tomarlos como sustrato del relato que vamos a escribir. A veces un nimio detalle, una simple impresión efímera, una imagen, incluso una palabra, pueden generar un relato excelente.

Aceptemos ese detalle aparentemente anodino como fuente generadora de un posible relato.

Tampoco, al referirnos al papel y al origen del tema, hemos de marginar aquellos que pertenezcan a obras ajenas. Como se dijo anteriormente, uno puede extraer un magnífico material de lo que otro ya escribió. Un autor tan serio como Onetti no dudaba en afirmar que a la hora de buscar un tema hasta se podía robar. (Siempre que sea un robo bien planeado, apuntamos nosotros.)

A diferencia de lo que sucede con toda novela, ya sea corta o larga, que nos puede ofrecer múltiples opciones de desarrollo narrativo, en el relato hemos de saber elegir con precisión cuál es el hecho que escogeremos como tema, porque esta forma literaria se desarrolla de modo rápido y sus recursos narrativos, que nunca son demasiados, deberán ser contados sucintamente. Algo muy distinto, como decimos, de lo que sucede en la novela, en la que podemos demorarnos en su narración.

Tengamos presente que en ese relato que hemos decidido escribir —y lo mismo sucede en el cuento— deberemos limitarnos a narrar un solo hecho, un solo acontecimiento. Si nos decidimos por el cuento, podremos extendernos más o menos en su desarrollo, siempre dentro de unos límites, claro está. Pero tanto en ese caso como en el del relato breve, la unicidad del hecho que se va a contar es primordial. Nada de digresiones, nada de «senderos que se bifurcan» debe haber en la historia que contamos.

En el relato se ha de seleccionar un hecho, tan solo uno, sobre el que girará la acción.

Por todo ello, es fundamental saber escoger el tema, saber depurarlo, estudiarlo, aislarlo a fin de que nuestro lector no se pierda en divagaciones. La diversidad en el tratamiento del tema sería un craso error a la hora de escribir ese relato que tanto nos interesa plasmar. No olvidemos tampoco la importancia que tiene la fluidez de la narración para que pueda encajar en las preferencias del lector.

Pero además de limitar el tema del relato a un solo hecho, hemos de saber sintetizar en él una historia, por escueta que esta sea, porque, evidentemente, no hay relato en el que no se cuente una historia. Una historia que nuestro lector podrá contar a su vez.

En el relato, como en el cuento, tiene que haber unidad. El autor deberá atenerse a los límites que esa unidad exija evitando ramificaciones.

Es evidente que al seleccionar el tema de nuestro relato hemos de procurar que sea atractivo. Aseguraba la escritora Patricia Highsmith que escribir relatos es como practicar un juego y que los jugadores que intervienen en él tienen que divertirse para seguir jugando.

Esa debe ser la premisa fundamental a la hora de escoger el tema de nuestra obra corta. Sin olvidarnos de que lo que se pretende en todo buen relato no es solamente narrar una historia —como sucede en la novela— sino recrear un determinado tipo de sentimiento. Y al hacerlo así, cuidemos, por favor, que nuestro lector no se aburra con lo que le estamos contando.

Sugerencias

- Leer detenidamente relatos breves de autores consagrados.
- Releguemos la capacidad crítica del primer borrador del relato para que este pueda fluir más libremente.
- Recordar que la creación de toda obra literaria constituye una aventura imprevisible.
- Tener presente que en todo relato breve lo importante es la acción que en él se desarrolla.
- Recordar que el relato exige densidad y concreción.
- Experimentar, tomando elementos de otras obras para recrear el relato.
- Dotar al relato de un inicio atractivo y sugerente.
- Limitar el relato a la narración de un solo hecho.
- Cuidar la fluidez de lo que se relata.
- Tener una idea clara de lo que se va a contar
- Recordar que las primeras frases deben dejar traslucir las emociones que dominan al protagonista.

Improcedencias

- Recurrir a fórmulas establecidas para llevar a cabo el relato.
- Remontarse en el tiempo para explicar las características psicológicas de los personajes.
- Prolongar excesivamente la acción del relato.
- Caer en divagaciones

- Esforzarse en encontrar temas trascendentales para escribir un relato.
- Descuidar la intensidad de la narración.
- Olvidar que la brevedad de la narración requiere esfuerzo y talento.

Ejercicio

- Seleccione un relato que nos haya atraído profundamente y subrayemos aquellos puntos que nos parecen claves.
- ¿Podría reducir la extensión de ese relato sin dañar su estructura?
- ¿Qué idea se le ocurre para crear su propia obra al leer ese cuento o ese relato que tanto le ha complacido?
- ¿Qué partes de un relato famoso le han parecido las más importantes?

Conclusión

El autor de relatos breves ha de saber elegir el tema que va a desarrollar —sin que tenga por qué tratarse de un tema trascendente— y procurar condensar su acción sin perderse en divagaciones.

A modo de recordatorio

La capacidad de síntesis es una de las claves de un buen relato breve. En ella radica gran parte de su fuerza y de su poder. Esto es algo que puede parecer paradójico pero que es cierto. Por tanto, busque el tema para su relato sin preocuparse demasiado de qué fuente lo ha tomado. Recuerde también que un buen título es un excelente punto de partida para captar la atención del lector.

SEGUNDA PARTE

4

LA PLANIFICACIÓN DEL RELATO

Saber conducir el relato

Entre las primeras obligaciones que nos pide el relato se encuentra la de que hemos de generar en nuestro lector una clara sensación de seguridad, si queremos que se nos lea con agrado. Para ello hemos de lograr que cada frase constituya una señal de confianza para el lector. Es decir, no podemos confundirle, hemos de ser su guía fiable. Una vez logrado este objetivo, podremos conducirle por los senderos más insospechados, porque, como dijo un prestigioso crítico, el escritor puede pedir a sus lectores que se crean todo aquello que él logre *hacerles* creer. Además, la imaginación puede y debe —como tantas veces afirmaremos en estas páginas— desempeñar su importante papel.

Hagamos de nuestro relato una historia fiable y segura, por más que lo relatado escape a los dictados de la rigidez de la lógica.

Por ello es tan necesario —imprescindible, diríamos— que nos concentremos convenientemente para no caer en un fallo, por pequeño que sea, que pueda dar al traste con la confianza del lector. ¿Nos fastidian acaso los cuentos de *Las mil y una noches,* los fantásticos relatos de H. P. Lovecraft, de Allan Poe o los deliciosas obras de Saint Exupéry, de Lewis Caroll, de C. S. Lewis y de tantos otros? Evidentemente, no. Insistamos en que si dejamos que vuele un poco la imaginación, ¿pondremos reparos, por ejemplo, a la lectura de un buen relato sobre fantasmas, alegando que lo que se nos cuenta es improbable?

Naturalmente, lo que no podemos permitirnos es que una vez ganada la confianza de nuestro lector la lleguemos a perder porque el relato se vuelva disperso, abstruso, contradictorio y, consecuentemente, se quiebre también su atención e interés por la historia.

Por supuesto que la concisión, sobre la que tanto hablamos en estas páginas, es una imprescindible herramienta para que la atención del lector se mantenga viva a lo largo de las páginas del relato, pero, ¡atención!, tratemos de conservar en todo momento su confianza, porque si merma el interés que pueda mostrar en nuestra obra, obviamente habremos realizado un trabajo deficiente.

El armazón del relato

Decía con cierta dosis de ironía Erskine Caldwell, el notable escritor americano que tiene en su haber una buena cantidad de narraciones breves, que en sus primeras líneas el relato se juega la vida y, en sus últimas, su resurrección. Con ello, sin duda quería insistir en la importancia que tiene estructurar bien el relato desde las primeras frases, porque en ese relato adecuadamente planificado las primeras frases tienen prácticamente la misma importancia que las últimas.

Aunque como hemos apuntado en líneas anteriores —y por paradójico que ello pueda sonar—, no sea el escritor el que va construyendo su novela, su relato o su cuento, sino que es la dinámica de estas formas literarias la que, en buena medida, se van haciendo a sí mismas a lo largo de su desarrollo, es indispensable que desde el momento en que nos dispongamos a escribir tengamos una idea clara de la estructura que va a soportar nuestra narración, porque es ella la que, en realidad, va a evitar la dispersión de la trama.

Es conveniente que antes de iniciar nuestro relato o nuestra novela corta tengamos planificada su estructura.

En el caso de un relato breve o de un cuento, este necesario armazón será muy simple, dada la más o menos reducida extensión del texto. No sucede lo mismo en el caso de una novela corta, porque en ella habrá que organizar su contenido en diversos capítulos y partes que deberán estar cuidadosamente engarzados.

Para que funcione bien esta armonía entre las partes de la obra es necesario que, de vez en cuando, hagamos una pausa en la escritura para revisar el conjunto de lo ya escrito y podamos tener así una visión, siquiera aproximada de lo que pensamos seguir contando.

La acción debe ser el elemento aglutinante y armonizador de la obra, ya que es ella la que establece y determina el paso de una situación a otra.

Revisemos periódicamente lo que ya se ha escrito para comprobar si la acción está conectando debidamente las distintas partes del relato.

Evidentemente, esta conexión entre las partes es más necesaria en la novela, ya que el relato no necesita tan perentoriamente una combinación armónica entre la acción principal y las posibles acciones secundarias, puesto que estas apenas existen.

Sin embargo, en el relato importa sobremanera trabajar la intensidad, la tensión y la descripción del ambiente que ha de estar presente en cada párrafo, porque un buen relato, como un buen cuento, se ve marcado por su unidad y tanto su inicio como su final y sus partes centrales han de someterse a esa unidad.

¿Es lo mismo trama que argumento?

Definitivamente, no. La trama, dentro de la estructura de la obra, es la organización que hemos de hacer de los distintos elementos que dan sentido al argumento de la obra. Podríamos decir, utilizando un símil cinematográfico, que la trama es lo más parecido al montaje de una película.

El argumento, por su parte, es el conjunto de aquellas escenas y momentos principales que constituyen la historia que estamos contando. En la narración de este conjunto de escenas y acontecimientos es necesario que esté presente un elemento muy importante: la tensión narrativa.

Esta tensión se logra trasmitiendo al lector la impresión de que algo va a suceder de un momento a otro. Para ello es necesario no cargar la historia con acontecimientos secundarios o anecdóticos que puedan distraer la atención del lector. En nuestro relato o en nuestro cuento hemos de evitarlos.

La tensión narrativa es un ingrediente necesario en toda obra, todavía más imprescindible si se trata de un relato breve.

Una novela larga admite, naturalmente, distintas tramas y subtramas que amplían y complementan la historia. Por el contrario, en el relato breve o en la novela corta es básico controlar o encauzar debidamente la acción (algo que también se debe tener muy en cuenta si nos decidiéramos a escribir una obra de teatro).

Si deseamos que el argumento de nuestra obra esté bien estructurado trataremos de que la atención del lector se fije en los puntos esenciales de la narración, no en aquello que resulta más secundario o anecdótico.

En el relato breve, al igual que sucede en el cuento, lo mejor que podemos hacer es contar, no explicar. Lo que desea el lector es ver la historia que le contamos, no necesita —ni quiere— que se la estemos pormenorizando con explicaciones gratuitas.

Conviene que también tengamos presente que las tramas demasiado complicadas favorecen el cansancio de la lectura (incluso en ocasiones pueden aburrirnos mortalmente). Es evidente que si no se logra comprender el hilo conductor de la narración, no se disfrutará con la lectura.

La deseable tensión narrativa, amigo lector-escritor, no se conseguirá si complicamos de forma innecesaria los acontecimientos narrados sino más bien dotándolos de coherencia y verosimilitud. Y para mejor alimentar esa tensión narrativa, hemos de evitar que el lector conozca todo cuanto se refiera a las características de los personajes —sus acciones, sus pensamientos, etc.— para que no pierdan el misterio que puedan tener para él, lo cual, indiscutiblemente, restaría su interés en ellos.

Rechacemos las tramas que presentan una complejidad innecesaria, pues solamente servirá para cansar al lector.

Un método acertado para organizar la secuencia de las acciones —las que, en definitiva, representan la esencia del argumento— puede ser narrar los hechos principales siguiendo un cierto orden cronológico, pero, en definitiva, habrá de ser la progresión lógica de los acontecimientos que sucedan al protagonista —y al resto de los personajes principales— la que habrá de marcar ese ordenamiento cronológico. De este modo, el argumento puede quedar bien estructurado.

Para finalizar este apartado no podemos resistirnos a incluir un brevísimo relato de Borges que, precisamente, lleva por título *La trama*:

«Para que su horror sea perfecto, César, acosado al pie de una estatua por los impacientes puñales de sus amigos, descubre entre las caras y los aceros la de Marco Junio Bruto, su protegido, acaso su hijo, y ya no se defiende y exclama: *¡Tú también, hijo mío!* Shakespeare y Quevedo recogen el patético grito.

»Al destino le agradan las repeticiones, las variantes, las simetrías: diecinueve siglos después, en el sur de la provincia de Buenos Aires, un gaucho es agredido por otros gauchos y, al caer, reconoce a un ahijado suyo y le dice con mansa reconvención y lenta sorpresa (estas palabras hay que oírlas, no leerlas): *¡Pero, che!* Lo matan y no sabe que muere para que se repita una escena.»

Tensión e intensidad

Hemos hablado ya de que la tensión narrativa es un elemento fundamental en toda obra literaria, por tanto, es necesario que la cuidemos, que no la desvirtuemos, ni la debilitemos.

Si nos decidimos a escribir una novela corta —el relato, por su mayor brevedad, requiere otra técnica—, un buen método para organizar las secuencias de las acciones, que en el fondo constituyen el meollo del argumento, es dejar que aquellas fluyan de forma natural, es decir, dotarlas del «tempo» adecuado.

En una novela larga, es posible hacer lo que en cine se denomina *flash back*, es decir, hacer un retroceso en lo que se está contando para insertar escenas y situaciones pasadas que puedan esclarecer el momento presente. En una novela más corta, semejantes retrocesos no están indicados —o si se hacen deberían ser muy breves— porque ello iría en detrimento de la tensión narrativa de la que estamos hablando.

Una obra literaria de corta extensión requiere poseer dos elementos fundamentales: intensidad y condensación. En una novela corta, y en mayor medida si hablamos de un relato breve, la narración debe supeditarse a un tema, a un incidente central que ha de narrarse sin digresiones que entorpezcan la narración. Esta característica exige concisión, una concisión que deberá constituir uno de los atractivos a la hora de fijar la atención del lector.

A fin de estimular esa tensión narrativa, tanto si se trata de un relato breve como de una novela corta, un buen método es crear dudas y preguntas que no parecen tener fácil respuesta para el lector, aunque nosotros, como autores, evidentemente las conozcamos.

Evitemos en la obra corta alteraciones en el ordenamiento de los acontecimientos, lo cual restaría fuerza a la tensión narrativa.

Especialmente, en todo relato breve —y, por supuesto, en el cuento—, la historia contada debe emocionar y sorprender y, si es posible, intrigar. Recordemos, por tanto, que la tensión narrativa es el elemento clave para conseguir esos efectos en el lector.

Atengámonos en lo posible a lo que recomendaba el ya mencionado Erskine Caldwell, de que todo buen relato —y todo buen cuento, por supuesto— debe contarse guardando siempre un secreto, porque ese secreto generará sin duda intriga y emoción en el lector.

Sugerencias

- Crear en el lector una sensación de seguridad, para que pueda creer lo que se le cuenta.
- Estructurar bien el relato desde las primeras frases.
- Encauzar debidamente la acción.
- Narrar los hechos principales siguiendo un cierto orden cronológico.
- Emocionar, sorprender y, si es posible, intrigar con la historia contada.
- Construir un buen relato que sirva para revelar las características del personaje.

Improcedencias

- Perder la confianza del lector por haber vuelto disperso el relato.
- No complicar innecesariamente los hechos narrados.
- No recurrir en una obra breve a retrocesos cronológicos en la narración.

Ejercicio

Escoja un relato fantástico cualquiera (tomándolo de alguno de sus autores preferidos en esta forma literaria) y modifique el final. ¿Tiene su versión tanta fuerza como la del original?

Conclusión

En toda obra corta han de evitarse complejidades narrativas innecesarias que pueden llegar a confundir y cansar al lector. La concisión, de la que ya se ha hablado, debe ser una de las premisas básicas, especialmente en el relato breve.

A modo de recordatorio

No defraudemos la confianza del lector con una planificación desordenada de los hechos narrados en nuestra historia

5

EL DIÁLOGO

Apuntes sobre el diálogo

Resulta innecesario decir que el papel que desempeñan los diálogos —en el caso de que decidamos incluirlos en un relato breve— constituye un elemento estimulador y, en algunos casos, determinante, a la hora de describir el carácter de los personajes. Un diálogo ágil y adecuado puede constituir un factor importante a la hora de impulsar y clarificar la acción de lo que se narra.

Un buen diálogo sirve para revelar las características y particularidades psicológicas del personaje. Recordemos que hay obras cortas que están basadas exclusivamente en el diálogo. Al mismo tiempo, con un diálogo acertado se logra dotar de una buena textura al estilo de lo que se está contando.

Un diálogo acertado enriquece y aclara la acción y constituye una buena forma de perfilar al personaje.

Y una regla —diríamos que regla fundamental— de todo buen diálogo es que carezca de cortapisas, aunque deba suprimirse en él todo viso de academicismo y rebuscamiento (a menos que queramos utilizar esa forma de expresión para caracterizar a un determinado personaje).

Observación que se debe tener en cuenta es la de evitar aquellas muletillas o tópicos que pueden ser habituales en una conversación corriente. Algo que no contradice la espontaneidad y frescura a la que acabamos de referirnos.

En ese cuidado que se ha de tener para lograr un diálogo ágil no está de más que restrinjamos, en la medida de lo posible, la utilización de adverbios que suelen acompañar a una expresión tópica. Tiene más fuerza decir «había un rayo en su mirada» que «lo miró airadamente».

Eliminemos el uso de expresiones tópicas que puedan entorpecer la agilidad del diálogo.

Aunque a veces pueda parecer un poco chocante —sobre todo al escritor novel—, resulta más acertado el empleo de fórmulas clásicas como «él, o ella, dijo» que utilizar muletillas del tipo «replicó», «asintió», «comentó», etc., porque todas esas aclaraciones, a veces innecesarias, pueden distraer al lector.

Una solución acertada es suprimir toda clase de aclaraciones convencionales, siempre que ello no cree confusión en el lector y tampoco perjudique a la claridad del diálogo. En cualquier caso, conviene que los diálogos sean concisos —sobre todo si estamos escribiendo un relato breve— y estén bien aprovechados, es decir, que en ellos el lector llegue a conocer más sobre los dialogantes de lo que las simples palabras dicen.

Otras anotaciones sobre el diálogo

Es muy posible que, a medida que vayamos cambiando de locutor y dotemos a cada uno de ellos de sus propias características —en resumen, de su personalidad correspondiente—, el lector no tenga el menor inconveniente en reconocer quién está hablando, sin necesidad de que se lo aclaremos.

De todos modos, hemos de procurar evitar en el diálogo el parecido entre las distintas voces, porque es obvio que no puede expresarse de la misma manera un profesor de ciencias medioambientales que un comerciante de quesos. Además —como ya se ha dicho—, si pretendemos dotar a un diálogo de realismo, hemos de intentar hacerlo vivo, sin pretender nunca hacerlo académico.

Tratemos de evitar que las distintas voces que intervienen en el diálogo tengan un perfil similar.

Así pues, no importa repetir que siempre será mucho más acertado recurrir a las fórmulas convencionales del «dijo», «contestó» u otro verbo sencillo, en las que el lector apenas si se fija, que tratar de mejorar la estructura del diálogo con otros verbos más rebuscados y académicos que entretienen y distraen al lector de la esencia del diálogo.

Digamos también que el diálogo desempeña un papel primordial en el desarrollo de la acción, ya que de él depende en gran medida el que nuestro lector se sienta atraído por lo que se está desarrollando. En definitiva, constituye un elemento impulsor de la trama.

Un ejemplo de diálogo ágil

Abundando en lo que decíamos sobre lo innecesario que resulta en muchas ocasiones especificar quiénes son las voces que mantienen el diálogo, o incluso apuntalarlas con fórmulas convencionales, quisiéramos incluir el diálogo que constituye prácticamente todo el texto de un relato breve del genial escritor polaco Sławomir Mrożek.

El relato en cuestión se titula *Las cuitas del joven Werther* y el diálogo que seguidamente incluimos lo mantienen el director de una orquesta filarmónica y un pillo que quiere conseguir dinero gratis. Veamos cómo lo expresa el autor: «En qué puedo servirles.» «Nos debe cincuenta mil.» «Es posible, pero no acierto a saber por qué razón. Podrían ustedes aclarármelo.» «En calidad de anticipo.» «Tal vez, es una práctica habitual. Pero anticipo, ¿a cuenta de qué?» «De nuestra actuación en la filarmónica.» «Sí, eso ya tiene cierto fundamento. Sin embargo, si no me falla la memoria, es la primera vez que nos vemos. ¿Acaso hemos firmado un contrato por correo.» «Aún no, pero podemos firmarlo ahora mismo.» «Indudablemente. Pero quisiera conocer a grandes rasgos su propuesta. ¿Forman ustedes un conjunto musical?» «De momento no, pero lo formaremos.» «Y más o menos ¿con qué repertorio?» «Eso ya lo veremos cuando aprendamos a tocar.» «¿A tocar?» «Sí, a tocar instrumentos musicales, por supuesto.» «¿Quiere decir que aún no saben?» «Aún, o ya, ¿qué más da? El futuro, de todas formas, nos pertenece. ¿No ve que somos jóvenes?» «!Oh!, desde luego. Sin embargo, puedo sugerirles algo...»

Al margen del excelente humor de que hace gala el autor en este diálogo que, como ya hemos dicho, constituye prácticamente el texto de casi todo el relato, no se especifica en el diálogo cuál de los dos personajes está hablando, ni tampoco se apoya cada frase con expresiones aclaratorias del tipo «dijo», «comentó», etc. Esto da como resultado un diálogo fresco, lleno de espontaneidad y, lo que es más importante, de actualidad y presencia. Por si fuera poco, también nos está describiendo dos tipologías muy definidas.

Cuidemos siempre que el diálogo no sea discursivo y, menos aún, académico. Tratemos de buscar la sencillez de los términos, aunque se estén expresando ideas más o menos profundas.

Una aclaración. Como es natural, no hay inconveniente en incluir un «preguntó», en el caso de que el personaje formule una pregunta, o «gritó», si ha levantado de forma brusca la voz, pero incluso en estos casos hemos de evitar la utilización de verbos rebuscados que, como ya dijimos, pueden distraer la atención del lector y desvirtuar la conversación.

Ante todo, procuraremos que con el diálogo el lector contacte lo más directamente posible y se vincule con los personajes. No olvidemos tampoco que las frases han de sonar reales, ya que pretendemos que los personajes también lo sean. Hemos de ser nosotros, como autores, los que hemos de hacerles hablar directamente.

Evitemos en el diálogo aquellas muletillas y tics que pueden recargarlo de forma innecesaria.

Si ponemos en boca de nuestros personajes frases reales, el lector tendrá la impresión de que esos personajes también lo son, pero, ¡atención!, rechacemos en lo posible la inclusión de giros exageradamente coloquiales y populares que, en el fondo, tienen poca pervivencia.

Repitamos una vez más que con cuanto se ha dicho no queremos apoyar en absoluto la falta de espontaneidad en el diálogo, ya que a veces la inclusión de una interjección brusca o de otra expresión de parecidas características puede realzarlo.

No obstante, consideramos que sería un error copiar fielmente la forma de hablar que, por lo general, tiene la gente, ya que, además de la dificultad que ello entrañaría, esa manera de expresarse verbalmente está siempre acompañada de una serie de ademanes, entonaciones y habitualmente reiteraciones y giros expresivos que resultan innecesarios en el diálogo.

Diálogo y caracterización

Aunque en otro capítulo hablaremos más extensamente sobre el papel que desempeñan los personajes en toda narración literaria, no está de más que apuntemos aquí que su carácter se muestra y expresa a través de la acción.

Y a este respecto es importante que recordemos que el diálogo no solo forma parte de la acción —una parte muy significativa, además— sino que, en muchos casos, representa un elemento fundamental para establecer el carácter de los personajes.

En una novela, ya sea corta o larga y, por supuesto en todo relato, el diálogo constituye el componente que refleja de forma directa la vida de esos personajes. Por ello es primordial que, ante todo, se muestre creíble y real, porque uno de los mejores cauces para la relación entre los personajes del relato es precisamente el diálogo.

Realcemos la realidad de los diálogos dotándolos de la plasticidad que forma parte de toda conversación.

Así pues, no olvidemos que el diálogo adquiere visos de mayor eficacia si lo acompañamos de los debidos gestos, de las pausas y de determinados detalles físicos que suelen estar presentes en toda conversación (o, al menos, que debieran estar presentes en la conversación que estamos narrando).

En todo diálogo, el lector debe encontrar más de lo que muestran las palabras que se dicen. La condición social del que habla, su mundo, sus propósitos, incluso su cultura y hasta su edad, debieran quedar manifestados en sus palabras.

Es evidente que al dotar a nuestros personajes de un carácter determinado, habremos de darles también una forma particular de hablar, una forma que habrá de estar en consonancia con su formación, condición social, edad, etc.

En la vida diaria, nuestro lenguaje —y, por tanto, el lenguaje que han de utilizar los personajes de nuestro relato— se halla socialmente codificado. Cuando oímos a los demás, intuimos, e incluso podemos saber con certeza, lo que quieren decir. De manera que por más que sus palabras nos parezcan correctas, agradables, incluso joviales, podemos darnos cuenta de que no es ese preciso estado de ánimo el que reina en nuestro interlocutor sino que en su interior muy bien pudiera sentirse molesto o a disgusto con nosotros. Y esto es, por consiguiente, lo que hemos de trasladar a nuestros personajes.

El carácter de los personajes de nuestra obra viene determinado en gran medida por su manifestación en los diálogos.

Insistamos en que los personajes de la novela corta o del relato breve no deben adoptar un lenguaje muy académico, a menos que su caracterización lo requiera así, porque muy bien pudiera suceder que el lector se sienta alejado de ese personaje que tanto hemos querido cuidar.

Ciertos autores, como es el caso del escritor leonés Luis Mateo Díez, establecen diferentes tipos, o aspectos, del diálogo narrativo. En esencia, se trata solamente de dos clases que el mencionado autor, con acertado criterio, denomina «significativo» y «utilitario». El primero tiene por objetivo definir la tipología del personaje —o personajes— que está hablando, es decir, hacer ver al lector, mediante el diálogo sostenido por aquel, sus características personales. En el segundo caso —a juicio siempre del autor referido—, lo que se pretende con ese diálogo utilitario es que este sirva para soporte del desarrollo de la acción narrativa. Entre los dos tipos de diálogo deberá existir, evidentemente, un equilibrio armónico.

Los escritores anglosajones son, por lo general, más propensos que nosotros a incluir abundantes diálogos en sus obras (no hay que olvidarse del papel fundamental que tiene este recurso literario en relatos de escritores contemporáneos de la talla de J.D. Salinger, Truman Capote o Cormac McCarthy por poner algunos ejemplos) haciendo del diálogo un verdadero soporte para trasladar al lector la personalidad y las emociones del personaje, para potenciar y propulsar la acción del relato y, por último, para individualizar cada uno de los personajes.

Existe una modalidad en el tratamiento del diálogo que consiste en integrarlo totalmente en el texto como parte inseparable de lo que se está narrando. Maestro indiscutible de esta modalidad fue sin duda José Saramago. En su obra *La caverna*, el autor inserta muchos de sus diálogos en la narración, sin proceder a la normal estructura tipográfica que suele emplearse en todo diálogo y, por supuesto, con muy escasas referencias a los personajes que intervienen en el diálogo.

Si sabemos especificar al lector qué personajes están manteniendo el diálogo, no hay inconveniente en insertar esas voces en un texto corrido, sin necesidad de apoyaturas que las distingan.

Veamos un fragmento en el que dos de los personajes de la citada obra, Marta y Marcial, están hablando, mientras comen, de los problemas que representa la venta de las estatuillas de su taller de alfarería.

El diálogo es el siguiente:

> «No te veo comer, debes de estar muy cansado, dijo ella, Bastante sí, perdí el hábito del esfuerzo, por eso me cuesta más, dijo él, La idea de la fabricación de estas estatuillas fue mía, Ya lo sé, Fue mía, pero en estos últimos días me está atormentando una especie de remordimiento, a todas horas me pregunto si habría valido la pena que nos metamos a elaborar figuras, si no será todo esto patéticamente inútil, En este momento lo más importante para tu padre es el trabajo que hace, no la utilidad que tenga, si le quitas el trabajo, cualquier trabajo, le quitas, en cierto modo, una razón de vivir...»

La fuerza y originalidad del estilo de Saramago, en el que los diálogos no se destacan del resto de la narración, permite al lector saber diferenciar las distintas voces que intervienen, sin necesidad de aclaraciones adicionales.

Es esta una modalidad que podemos utilizar también y especialmente en el relato breve, por lejos que podamos estar de la calidad literaria del premio Nobel portugués.

Digamos por último que no sería acertado que los personajes cambiaran inopinadamente, sin razón de peso que lo justificara, su actitud, mediante diálogos que al lector le resultarían poco comprensibles. Y por mucho que creamos conveniente dotar a nuestra obra de cierto realismo —cualidad siempre estimable—, sería contraproducente cansar al lector con datos superfluos.

Sugerencias

- Restringir, en la medida de lo posible, la utilización de adverbios.
- Evitar en el diálogo la confusión en el uso de las distintas voces.
- Procurar que en el diálogo el lector contacte directamente con los personajes.

- Recordar que el diálogo representa un elemento fundamental para establecer el carácter de los personajes.
- Lograr que en el diálogo el lector encuentre más de lo que muestran las palabras que en él se dicen.

Improcedencias

- Perder la confianza del lector por haber vuelto disperso el relato.
- No complicar innecesariamente los hechos narrados.
- No recurrir, en una obra breve, a retrocesos cronológicos en la narración.
- Utilizar innecesariamente muletillas y tópicos en el diálogo.
- Adoptar un lenguaje excesivamente académico en los diálogos.

Ejercicio

Escriba un breve diálogo entre dos personajes con las habituales acotaciones y escriba ese mismo diálogo sin apoyaturas aclaratorias. Observe cuál de las dos formas le parece más fluida y convincente.

Conclusión

Es muy importante cuidar la calidad del diálogo porque en él quedarán reflejadas —tal vez mejor que en otra parte de la narración— la psicología de los personajes que en él intervienen.

A modo de recordatorio

En el diálogo es fundamental no confundir al lector con las voces que en él intervengan.

En el supuesto de que se opte por insertar el diálogo en el texto —como en el fragmento de la novela de Saramago que se incluye en este apartado—, será necesario utilizar la técnica necesaria —la puntuación es fundamental en este caso— para que el lector pueda diferenciar las voces que intervienen en ese diálogo.

6

LA CARACTERIZACIÓN EN LA OBRA CORTA

La función de los personajes

Tanto si vamos a escribir una novela corta como un relato breve, los personajes que intervengan en la obra deberán poseer y manifestar sus propias características, sus propias motivaciones y sus bien definidos objetivos. Son ellos los que permitirán al escritor la posibilidad de explorar y describir otras vidas. Esto hará también que el lector se identifique con unos y disienta de otros. Nosotros, como escritores, deberemos añadir determinadas características a cada uno de esos personajes a fin de complementarlos y definirlos, y lograr que sirvan al lector para que este pueda manifestar sus preferencias.

Los personajes del relato han de estar lo suficientemente bien trazados como para que el lector se pueda identificar con ellos.

En el supuesto de que en el relato o en la novela corta que estamos escribiendo exista, además del protagonista, otro personaje concreto que desempeñe el papel de antagonista, la descripción de ambos (especialmente si se trata de un relato corto) ha de ser lo más breve posible, porque es el lector quien con su participación activa habrá de ir perfilando las características del personaje, es decir, deberá completar aquello que no se detalle en el relato. Una vez más diremos aquí que el escritor no debe entrometerse en lo que el lector llegue a deducir o pueda suponer de la narración, ya que hemos de tener siempre presente su propia capacidad creativa.

Recordemos que en toda obra literaria de ficción son precisamente los personajes los que le sirven de sostén y los que mueven la acción de la misma. En la novela corta o en el relato breve, este papel del personaje es, sin duda, más significativo.

El papel que desempeñan los personajes en todo relato es fundamental, ya que ellos son el motor de la obra.

El escritor deberá dejar a sus personajes en total libertad, concediéndoles la facultad de obrar de acuerdo con su propia personalidad, que puedan crecer, desarrollarse y manifestarse conforme a sus propias características. De este modo, comprobamos que el autor se ha convertido en una especie de demiurgo camuflado, algo que resulta fascinante a la hora de crear esa obra literaria.

Resulta, pues, evidente, que los personajes creados literariamente no pueden convertirse en seres acartonados, ni tampoco en meros reflejos de aquellas personas reales que conocemos. Han de poseer y mostrar su propia autenticidad. Y, sobre todo, deben ser personajes creíbles para que el lector pueda conectar plenamente con ellos.

Una descripción de los personajes demasiado detallada o, por el contrario, muy simplista e inocua puede alejarlos del lector.

A la vista de lo dicho, cabe formularse la siguiente pregunta: ¿cómo lograr esa credibilidad para que los personajes del relato resulten cercanos al lector?

Relatos de situación, relatos de personajes

La creación de personajes es una labor delicada cuando nos disponemos a escribir una obra corta, hasta el punto de que podemos estropearla por culpa de una descripción demasiado detallada de esos personajes o, por el contrario, por trazar una descripción sumamente insípida que no logre hacerlos conectar con el lector.

No podemos olvidar que los personajes desempeñan dos importantes funciones en la narración: constituyen el enlace entre los diferentes momentos de la obra y son el fundamento para captar el interés del lector, de forma que este, desde el primer momento, mostrará su conexión y simpatía hacia ellos o, a la inversa, los rechazará de plano si no están bien trazados.

Los personajes sirven para enlazar los distintos momentos de la narración y resultan fundamentales para captar el interés del lector.

Hasta donde nos permiten las definiciones, podríamos establecer una distinción —suscrita por tratadistas prestigiosos— entre lo que se suele entender por relato, cuento o novela de situación y novela o relato de personajes. ¿Dónde radica la diferencia? Trataremos de explicarlo. En la llamada novela o relato de situación, los personajes creados por el autor surgen de una determinada visión de la situación presente y es precisamente esta la que determina la naturaleza de los personajes.

En el segundo caso, al que hemos decidido clasificar como relato o novela de personajes, son estos, los que una vez creados por el autor van trazando su propio destino.

En cualquiera de los dos casos existe siempre una vinculación, una especie de vasos comunicantes entre una y otra clasificación, si bien el dinamismo —y la estructura— de la propia narración va estableciendo la diferencia entre lo que es una novela de situación, más o menos pura, y lo que es «una obra de personajes».

En todo relato, cuento o novela «de situación», los personajes desempeñan un papel secundario.

En la literatura moderna no es fácil encontrar novelas famosas, ya sean más o menos extensas, en las que la situación sea la que imprima carácter a la obra, hasta el punto en el que el lector pueda recordarlas más por lo que en ellas sucede, que por los personajes que las protagonizan. Nathaniel Hawthorne o Thomas Hardy son autores que podríamos citar por haber escrito novelas en esta línea (recuérdense, por ejemplo, *La letra escarlata*, del primero, o *Tess de los d'Uberville*, del segundo).

Otros ejemplos clarísimos, e indudablemente más clásicos, de este planteamiento de novela podrían ser *Las afinidades electivas,* de Goethe, o la *Sonata a Kreutzer*, de Tolstói. En el polo opuesto, habría que mencionar a autores como Dostoievski, Austen, Balzac, Stendhal o alguna otra figura clásica de la literatura en cuyas obras son los personajes los que resaltan, porque sus personalidades y peripecias son precisamente las que atrapan el interés del lector.

Creando personajes acertados en el relato

Al igual que es necesario que nuestra obra —ya se trate de un relato breve o de una novela corta— fluya por sus propios cauces, desarrollándose de una forma acertada, de acuerdo siempre con la propia dinámica de la acción, los personajes que hayamos creado en ella también deberán manifestarse de una forma acertada y creíble para el lector.

Al hablar de este tema, no podemos resistirnos a incluir aquí unas comentarios de Ray Bradbury, el genial autor de *Farenheit 451* —y de tantos brillantes relatos breves—, en cuyo mundo visionario se refleja igualmente la nostalgia de recuerdos infantiles de una América ya perdida y las pesadillas que puede llegar a ocasionar una civilización estrictamente tecnológica: «El escritor debe dejar que sus dedos desplieguen las historias de los personajes que, siendo humanos y llenos como están de sueños y obsesiones extrañas, no sienten más que alegría cuando echan a correr».

Que los personajes de nuestro relato echen a andar o a correr a su gusto es algo que han de hacer sin que nosotros les pongamos trabas ni interfiramos en su marcha, como no nos cansaremos de repetir en estas páginas.

Los personajes han de moverse libremente a lo largo de la obra sin que el autor interfiera deliberadamente en sus actos.

Un punto que se debe tener muy en cuenta a la hora de crear los personajes de nuestra obra es saber dotarlos de una personalidad propia, sin hacer de ellos meras copias de ciertas personas conocidas. Es este un punto en el que conviene insistir si deseamos crear auténticos personajes literarios

Los protagonistas de nuestra obra —tanto si se trata de una novela corta como de un relato breve— han de mostrar a lo largo de la narración sus rasgos característicos mediante los diálogos que puedan mantener, las reflexiones interiores —cuantas menos, mejor—, la relación mantenida entre ellos, sus disparidades y conexiones, etc. Esto no debe ser un obstáculo para que podamos emplear algunas peculiaridades tipológicas de individuos que nos hayan impresionado por su personalidad, siempre que sepamos modificarlas y adaptarlas al personaje que hemos creado.

La voz de los personajes

Podríamos decir que una de las cosas más difíciles en una obra literaria es hacer hablar a los personajes, porque, además de que en todo diálogo hemos de tratar de que se oculte una emoción, los diálogos, al igual que el resto de los recursos narrativos que incluimos en la obra, deben apoyar la intención final que buscamos en el relato.

Los diálogos han de servirnos también para saber diferenciar y resaltar las características del protagonista, de forma que este no se vea oscurecido por los demás personajes de la obra. Esta caracterización de nuestro personaje principal nunca deberá caer en exageraciones. Revisemos este punto, cuidando de que su actuación a lo largo del texto no parezca rebuscada.

Los diálogos son un excelente medio para mostrar las características de los personajes.

Es conveniente que, a menos que pretendamos dotar a nuestro personaje principal de unas características muy singulares, no lo convirtamos en un ser poco creíble. La humanidad y la verosimilitud de los personajes es un punto clave para que el lector se sienta interesado e, incluso, pueda fundirse con ellos.

Frecuentemente es la propia dinámica de la obra la que va perfilando las características de sus personajes. Por ello no es acertado que expliquemos sus personalidades desde el punto de vista del autor sino que, por el contrario, permitamos que sean ellos mismos los que se vayan mostrando al lector, de acuerdo con las particularidades de la trama creada, porque de poco sirve que sepamos, como autores, qué tipo de personalidad tienen nuestros personajes si no logramos plasmarla y convencer de ella al lector.

El hacer verosímiles los personajes al lector es condición indispensable en todo relato.

Algún respetado autor dijo en más de una ocasión que conviene —y que, acaso, es imprescindible— escribir sobre aquello que realmente se conoce, pero esta es una verdad a medias, porque, como ya hemos apuntado, ¿qué papel desempeña entonces nuestra capacidad imaginativa?

De todos modos, en lo que concierne a la creación de los personajes, no es aconsejable apartarse demasiado de las tipologías que conocemos. Sin duda, ellas nos proporcionarán el sustrato necesario para configurar la base de las criaturas de nuestra obra.

El carácter de los personajes

En ese relato breve o en esa novela más o menos corta que deseamos escribir, hemos de conceder mucha importancia a la caracterización de los personajes. No debemos olvidar que la acción de toda obra se ve marcada en buena medida por el carácter que muestren los personajes que la pueblan. Y ese carácter, cual si se tratase de un fenómeno de vasos comunicantes, se revela en la acción.

No constituye ninguna heterodoxia inspirarnos en un ser de la vida real —en ese individuo que, tal vez, conozcamos mejor que lo que él mismo cree conocerse—, pero nunca deberá ser una copia fidedigna de la realidad. Con frecuencia, las personalidades literarias llegan a ser más coherentes, aunque también más sorprendentes, que las personas de carne y hueso.

No es un error inspirarnos en un ser real para crear nuestro personaje, siempre que sepamos re-crearlo.

Por consiguiente, en el supuesto de que se nos ocurra tomar a una persona que conocemos bien para crear, partiendo de ella, a uno de nuestros personajes —o, incluso, al protagonista del relato—, es fundamental que modifiquemos a fondo sus circunstancias y características personales. De este modo pensaremos en ese individuo como un personaje literario y no como el elemento que conocemos. Y si llegamos a modificar su personalidad hasta el punto de convertirlo en un elemento extraño, es posible que esa profunda modificación de lo ya conocido nos ayude a crear un buen relato o un buen cuento.

Los personajes de nuestra obra deben actuar siempre de forma consecuente y justificada —a menos que nos propongamos establecer una tipología sui géneris—, ya que no se pueden dejar al albur y sin explicación sus acciones. Pero tampoco queremos olvidarnos aquí de esas excepciones geniales en las que, como acabamos de mencionar, se pretende un efecto totalmente contrario, por lo desmesurado y sorprendente de sus características, como es el caso de esos personajes singulares que pueblan las novelas de Rabelais, Sterne o Swift.

Hagamos aquí una salvedad evidente: en cierta clase de cuentos está permitida toda clase de licencias tipológicas, pero, aun así, la coherencia en el proceder y en las expresiones de los protagonistas ha de estar siempre presente.

Por tanto, las actuaciones de los personajes de nuestra obra —por breve que esta pueda ser— han de estar debidamente explicadas y motivadas, en buena medida, por la propia historia, una historia que no tiene por qué detallarse minuciosamente —lo cual podría producir cierto cansancio en el lector y, por supuesto, restar frescura al texto—, pero que deberá quedar bien aclarada. Para ello deberemos utilizar esporádicas descripciones o bien acogernos al recurso de los diálogos.

La actuación de los personajes no debe ser gratuita y ha de fundamentarse adecuadamente en la acción del texto.

Establezcamos, por tanto, cómo y hasta qué punto puede y debe actuar un personaje. ¿Cuáles son sus motivaciones? ¿A qué impulsos obedece? ¿Qué perspectivas alberga? Estas aclaraciones que, comprensiblemente, el lector demandará con toda razón —máxime cuando se trata de un relato breve en el que la acción debe quedar bien detallada— para poder vincularse de modo más directo a lo que está leyendo, no se limitan de forma exclusiva al protagonista sino que deben estar presentes en el resto de los personajes de nuestra obra.

Conclusión de lo que hemos dicho es que si queremos dotar a nuestro relato de la necesaria coherencia, es fundamental que establezcamos un adecuado equilibrio entre las motivaciones expresadas y las respuestas y actitudes que los personajes dan a ellas.

Sugerencias

- Los personajes han de servir de sostén y mover la acción del relato.
- Los personajes deben constituir el enlace entre los diferentes momentos de la narración.
- Para captar el interés del lector es fundamental la conexión entre los personajes y el lector.
- Los personajes han de poseer su propia personalidad.
- Los diálogos deben servir para resaltar las características del protagonista.
- La actuación de los personajes debe estar motivada y explicada en el propio relato.
- Conviene mantener el adecuado equilibrio entre las motivaciones y las actitudes de los personajes.

Improcedencias

- Relegar o no conceder la debida la importancia a los personajes en la narración.
- Obstruir con descripciones improcedentes la fluidez del relato.
- Convertir a los personajes en meras copias de personas conocidas.
- Trazar personajes cuyas características personales y psicológicas resulten poco convincentes para el lector.

Ejercicio

Lea detenidamente un relato breve, un cuento o una novela corta y anote con qué personajes de la historia son aquellos con los que se siente más identificado y cuáles le resultan más distantes. Y por qué.

Conclusión

Sería oportuno que antes de empezar a escribir la historia que tenemos pensada nos decidamos por optar por un relato de situación o por una narración en la que primen los personajes.

A modo de recordatorio

Los personajes del relato han de manifestar con sus palabras y acciones una disposición que resulte, ante todo, comprensible para el lector.

7

MÁS APUNTES SOBRE LOS PERSONAJES

Tipología de los personajes

Podemos permitirnos el lujo de que en el transcurso de una novela más o menos larga estos personajes protagonistas que desempeñan funciones sustanciales en el desarrollo de la acción manifiesten cambios en su estado de ánimo o, incluso, en su personalidad, pero los personajes que no desempeñan un papel importante en la narración —los llamados personajes secundarios— y cuyo protagonismo queda subordinado al de los protagonistas, no tienen por qué cambiar fundamentalmente o, si lo hacen, sus modificaciones deberán ser mucho menores y quedar siempre sujetas a las circunstancias que envuelven la narración.

A lo largo del relato, los personajes principales pueden experimentar ciertos cambios en su personalidad. No sucede lo mismo con los secundarios, que es preferible mantengan unas características tipológicas mas lineales.

El papel que principalmente se les encomienda a los personajes de un relato es el de servir de conductores del lector. Es por ello que al crearlos hemos de saber moldear una clase de individuos que sepan reaccionar ante determinados hechos de una manera que interese a nuestros lectores y que, hasta cierto punto, establezca con ellos un adecuado proceso de identificación.

Retomando las afirmaciones del ya mencionado Erskine Caldwell, diremos con él, que los personajes que se presentan en un cuento o en un relato breve, ante todo, deben actuar. Y en esa actuación, añadimos nosotros, debe quedar plenamente reflejada su psicología. No olvidándonos de que, como autores, debemos saber mucho más de los personajes que hemos creado, que lo que lleguemos a decir de ellos en el relato.

¿Personajes principales, personajes secundarios?

No siempre resulta tarea sencilla establecer la categoría que en un relato tienen los diversos personajes que en él intervienen. Sería muy simple calificar los personajes de acuerdo con el papel que desempeñan en la narración.

Acabamos de decir que suelen considerarse personajes principales aquellos que desempeñan un papel fundamental en el desarrollo de la acción, pero en más de una ocasión es el punto de vista el que cambia los papeles. Dediquémosle unas líneas a este tema.

El punto de vista determina, en muchas ocasiones, la preponderancia de los distintos personajes del relato.

Se ha dicho acertadamente que en un relato de aventuras existe un héroe principal que toma la iniciativa e impone su voluntad sobre otros prójimos inertes o menos fuertes, pero que en un relato de corte psicológico es el personaje abúlico, blando y débil el que puede desempeñar el papel de personaje principal, si lo que realmente importa en el desarrollo de ese relato —es decir, la esencia y el sustrato del mismo— son las íntimas reacciones que experimenta ese personaje aparentemente tan vencido.

Puede suceder también que un personaje, aparentemente secundario, sea el testigo que interprete o narre las acciones del supuesto héroe, o personaje principal, con lo que indiscutiblemente será la interpretación o el relato de la acción que haga el personaje secundario el que, en definitiva, lo convertirá en personaje principal. De nuevo vemos aquí la importancia que tiene el punto de vista en el relato y cómo los distintos personajes que intervienen en él pueden intercambiar sus papeles.

Dinamismo y estatismo de los personajes

Además de la clasificación convencional de los personajes del relato en *principales* y *secundarios*, podemos establecer otra diferenciación que resulta, asimismo, muy importante. Es una clasificación que los estudiosos del tema han establecido desde hace tiempo.

De acuerdo con ella diremos que en el relato existen personajes caracterizados por su estatismo y otros que, por el contrario, desempeñan un papel dinámico. Ambos tipos suelen ser bastante frecuentes en relatos y novelas, constituyendo el soporte de la acción.

Personaje «dinámico» y «personaje estático» son dos tipologías que hemos de saber escoger a la hora de crear el relato.

¿Cómo describiremos al denominado «personaje estático»? En este caso es precisamente el narrador —situado en un plano externo— el que informa al lector de las características, tanto físicas como anímicas, de dicho personaje.

En el segundo caso, es decir, en el del «personaje dinámico», es el propio personaje de la obra —al que podríamos calificar de protagonista— el que se va manifestando al lector a través de sus acciones.

Así pues, en el primer caso es la trama del relato la que va conformando el carácter del personaje, a través de la narración. En el segundo, es precisamente la acción la que se va construyendo partiendo del personaje.

¿Cuál de los tipos es más válido a la hora de escribir nuestro relato o nuestra novela corta? Pues ello dependerá en buena medida de la dimensión psicológica que queramos otorgar al personaje.

El protagonista de la narración será dinámico o estático de acuerdo con la dimensión psicológica que queramos darle.

Esta caracterización dinámica es la que prevalece en nuestros días en los que el relato o la novela tienen un carácter más intrínseco y en los que el llamado «fluir psíquico» —tan característico en las obras de James Joyce o de Virginia Woolf, por poner tan solo un par de ejemplos— desempeña un papel fundamental.

La galería de personajes

Decíamos al hablar del papel que desempeña el diálogo en el relato que este constituye una función importante del mismo, una especie de motor de la acción. Pues bien, esa particularidad formaría parte de lo que entendemos como «dinamismo» del personaje, porque es precisamente él quien va tejiendo su propio mundo. Esos personajes han de ser concretos, han de manifestar coherencia, y sus acciones, a lo largo del relato deberán estar encaminadas al logro de un fin determinado, es decir, a conseguir el objetivo, más o menos explícito, de la narración.

Los personajes del relato han de ser, fundamentalmente, coherentes en sus acciones.

Una de las funciones —y obligaciones— que tenemos como creadores del relato es la de saber llevar a nuestros personajes con firmeza hasta el fin, haciendo que, en cierto modo, vean lo que nosotros no logramos ver, que han de tener en todo momento su propia personalidad, porque aseguraba Raymond Carver: «Tú no eres tus personajes, aun cuando tus personajes sean tú».

La galería de personajes que lleguemos a incluir en nuestros relatos es tan amplia como el argumento que hayamos escogido para la historia, ya sea esta más o menos breve. Las relaciones existentes entre esos personajes y su entorno también han de ser muy parecidas a las que existan entre las personas reales. Hasta podríamos decir que deberían ser cuasi idénticas, pues las vinculaciones entre sus acciones y reacciones, los nexos existentes entre causas y efectos, la conexión entre estímulos y respuestas es prácticamente la misma que la que existe en la vida real, porque no hemos de olvidar que cada uno de nuestros personajes está «tejiendo su propia red» en el relato. Una red aparentemente auténtica y verosímil.

Personajes sencillos, personajes complejos, personajes reconocibles

Acabamos de decir que la tipología de los personajes literarios es tan variada como puede ser, evidentemente, la de las personas reales. Incluso en un relato fantástico o en un cuento en el que los hechos narrados superan los límites de la racionalidad, el comportamiento y la contextura anímica de los personajes han de atenerse a unas premisas comprensibles y lógicas para el lector. Si no existe el necesario grado de verosimilitud en la historia que estamos contando, jamás lograremos que el lector se identifique con el relato.

Por tanto, las acciones del personaje han de ser admitidas plenamente por el lector, al margen de las características personales con las que aquel —el lector— haya podido dotarlo en su imaginación, porque en gran medida serán las acciones del personaje las que permitirán que se defina su carácter. Para ello es obvio que habremos de caracterizar a nuestro personaje de una manera única, plenamente reconocible, absolutamente humana.

Las acciones del personaje son determinantes a la hora de definir su carácter.

Para corroborar la importancia de lo reconocible en el relato, es decir, para avalar su verosimilitud, tema al que nos referiremos en otro momento, creo que merece la pena mencionar una anécdota que contó Julio Cortázar a sus alumnos en una de sus clases magistrales de Berkeley, allá por el año 1980.

Refiere Cortázar que en una ocasión en que Che Guevara regresaba en avión a Cuba desde Argelia, de asistir a una reunión política, le acompañaba en ese viaje un escritor amigo suyo. En un determinado momento esa persona le dijo que llevaba en el bolsillo un cuento escrito por un autor argentino, en el que el protagonista era él, el propio Che. Este, interesado, le pidió que se lo dejara leer, cosa a la que el otro accedió de buen grado. Una vez leído el cuento, el Che se lo devolvió a su acompañante diciéndole: «Está muy bien escrito, pero no me interesa».

Refiriéndose a esta anécdota añade Cortázar que el hecho de que Che Guevara considerara que el cuento estaba bien escrito era todo un elogio para el autor, pues el famoso revolucionario era persona de gran cultura —y buen poeta, además— que sabía reconocer la calidad de un relato cuando este la tenía. Sin embargo, el hecho de que no le hubiera gustado se debía muy posiblemente a que el protagonista del relato —es decir, el propio Che Guevara— no se había visto reconocido en aquellas páginas, pese a que el autor se había preocupado de dotar a su personaje de la mayor verosimilitud y parecido con él.

¿Dónde radican la simplicidad y la complejidad de los personajes?

Hemos hablado ya de alguna clasificación de los personajes que van a figurar en ese relato o en esa novela corta que queremos escribir, si bien apuntábamos también que la tipología de los personajes literarios es tan variada como puede serlo la de las personas con que nos topamos en la vida real.

Desde siempre se ha clasificado a los personajes de una obra literaria en mayores y menores, en principales y secundarios o, incluso, en dominantes y subordinados según el papel que desempeñen en la acción, pero, sin duda, semejantes clasificaciones podrían aumentarse sin problema.

Cualquier tipo de definición que lleguemos a establecer sobre el tema adolecerá siempre de cierta imprecisión, pero, indiscutiblemente, constituirá un elemento indispensable a la hora de establecer una crítica de nuestra obra.

En toda obra narrativa, ya sea corta o larga, es imprescindible saber definir las características y el papel que desempeñan los personajes que la integran.

Resulta evidente que en un relato breve o en una novela corta no vamos a diseñar una galería de personajes tan amplia como la que necesariamente tendríamos que crear si nos decidiéramos a escribir una novela más extensa. Esta última incluso podría basarse exclusivamente en el estudio de esos personajes, ya que son ellos con sus características y con su mundo los que atrapan la atención del lector, sin que este se preocupe demasiado por lo que pueda acontecer en la obra. Una muestra clásica de este tipo de narrativa —podríamos citar otras muchas— son las novelas de Jane Austen, maestra a la hora de crear esos retratos literarios con los que el lector se siente profundamente unido.

Pero esta riqueza de personajes en el contexto de la acción narrativa —no olvidemos que incluso existe para muchos críticos la llamada *novela de personajes*— no es la más apropiada o, para mejor decir, la más común en el estilo literario que estamos tratando: el de la novela corta y el del relato breve.

La complejidad de los personajes

¿A quién podemos considerar *personaje complejo* en nuestro relato? Ante todo, hemos de tener presente que ese personaje principal y dominante de nuestra obra no tiene por qué ser, inevitablemente, un personaje complejo. De hecho, incluso puede ser bastante simple. Por el contrario, un personaje que consideraríamos «menor» en el desarrollo de la trama, puede ofrecer una notable complejidad.

En un relato, en un cuento o en una novela corta, el personaje complejo es aquel que trazamos dotándolo de rasgos personales, a veces contradictorios y hasta conflictivos. Si ese fuera el caso, la dimensión y la esencia de nuestro relato tendrían un carácter eminentemente psicológico. (Podríamos citar al respecto excelentes relatos de Borges, de Cortázar o las límpidas, escuetas y misteriosas *Vidas imaginarias* de Schwob, entre otras muchas y geniales narraciones breves.)

El personaje complejo no puede evitar la posesión de rasgos antagónicos y conflictivos.

Esta tipología más o menos compleja del personaje puede mostrar un carácter retraído, más bien ensimismado, tal vez alterado. Si esa fuera nuestra elección, deberíamos recurrir al monólogo interior, porque dicha técnica encajaría muy bien en este caso, pero no olvidemos que si optáramos por esta tipología, nuestro relato está obligado a navegar por un mar de encrespadas aguas psicológicas.

En el polo opuesto se encuentra ese personaje cuya personalidad no cambia a lo largo de toda la narración. Si hemos decidido que sea un elemento malvado, malvado habrá de ser en todas sus manifestaciones. Si, por el contrario, preferimos que sea una buena persona, así habrá de comportarse hasta el final. Nada de complejo ni de profunda contradicción hay en él. En definitiva, hemos creado un personaje más bien plano. Sus gestos y sus palabras se repiten. Su línea de conducta está trazada desde el principio.

La linealidad y la sencillez del personaje protagonista no tienen por qué ser objeto de descrédito.

Pero hemos de señalar al respecto, a favor de este tipo de personajes más bien rectilíneos y hasta planos, que no tienen por qué ser menos válidos que aquellos otros más complejos. De hecho, podemos construir un buen relato con un personaje protagonista que ofrezca esta tipología, aparentemente, tan sencilla.

Para concluir este apartado, todavía podríamos incluir otra clasificación —o diferenciación— de los personajes: la que establece E.M. Forster al clasificarlos entre los que podríamos denominar «planos» y «redondos».

Los primeros serían meros estereotipos construidos fundamentalmente en torno a una sola idea. Por el contrario, los segundos tendrían una personalidad más compleja, sus acciones podrían resultar, en ciertos momentos, poco previsibles para el lector. Y, a este respecto, hacía una afirmación muy sagaz: «La prueba de que un personaje pueda ser considerado redondo se encuentra en su capacidad para que logre sorprender al lector de un modo convincente».

Sugerencias

- Recordemos que el principal papel de los personajes es el de servir de conductores del lector en el relato.
- El protagonista del relato debe ser siempre un personaje dinámico.
- Recordemos que «el autor no debe ser sus personajes, aun cuando los personajes deban ser el autor».
- La relación existente entre los personajes del relato y su entorno debe ser muy similar a la que se da en el caso de las personas reales.
- Tengamos presente que el personaje protagonista del relato no tiene que ser forzosamente un personaje complejo.
- Busquemos, ante todo, la verosimilitud de los personajes.

Improcedencias

- Convertir a los personajes creados literariamente en seres acartonados.
- Interferir en la marcha de los personajes dentro del relato.
- Explicar la actuación de los personajes desde el punto de vista del autor. Deberán ser ellos mismos los que se muestren al lector de acuerdo con las particularidades de la trama.

Ejercicio

- Tome dos folios; escriba en el primero un breve diálogo entre dos de los personajes principales del relato, en el que establezca abundantes acotaciones a lo dicho por cada uno de ellos con apostillas que sirvan de aclaración, de sugerencia, o de reflexión a lo expresado por cada uno e los personajes.
- En el otro folio, escriba el mismo diálogo suprimiendo en lo posible esa clase de acotaciones. ¿Cuál de los dos personajes le parece más espontáneo fresco y directo en su diálogo?

Conclusión

Hemos de procurar que los personajes de nuestro relato breve se expresen con la viveza que podríamos encontrar en una conversación mantenida por personajes de la vida real.

Dada la importancia fundamental que tienen los personajes en toda obra narrativa, mantengamos sus características a lo largo de todo el relato a fin de no desvirtuarlos.

A modo de recordatorio

Los personajes del relato han de saber conducir por su cuenta la acción del mismo, sin que se aprecie claramente la interferencia del autor.

8

EL DESARROLLO DEL RELATO

¿Qué entendemos por contexto?

Tal vez resulte una obviedad afirmar aquí que todo relato tiene su propio contexto. Hablamos, naturalmente, de ese marco exterior que sirve de envoltura de la obra, que se compone de aspectos biográficos, histórico-geográficos y culturales y que resulta útil para delimitar y explicar la relación existente entre el escritor y su obra.

En cualquier texto narrativo hemos de procurar que a través de la técnica que utilicemos el lector pueda introducirse de una forma verosímil en una realidad de la que posiblemente y, en un primer momento, no llega a tener una clara percepción.

Es conveniente que la estructura del relato contribuya a eliminar las diferencias que se puedan presentar en la mente del lector, estableciendo un balance entre lo que se presenta como un hecho real y lo que no lo es. Si lo logramos, el lector podrá acercarse de un modo más profundo al mundo ficticio de la obra, bajo el cual se pueden ocultar en ocasiones problemas reales de toda índole.

Debemos utilizar un contexto que sirva para clarificar y diferenciar el plano real del irreal en la mente del lector.

De esta clarificación necesaria —incluso imprescindible— de lo que se ha de mostrar como real, o irreal, en la narración hablaremos cuando nos refiramos a la atmósfera que debe estar presente en el relato.

Digamos, no obstante, que son varios los tratadistas que han caracterizado el relato moderno —al igual que la novela, ya sea corta o extensa— por su carácter ambiguo.

Al estudiar, por ejemplo, la obra de Juan Rulfo, González Boixo afirma: «Cualquier relato tiene dos tipos de lectura, como bien han visto los estructuralistas. Existe una lectura horizontal, que claramente se muestra incompleta y parcial; y otra lectura de tipo vertical, que pretende buscar unidades de sentido, y que supone un esfuerzo para encontrar significados, más allá de la historia que el relato narra literalmente».

Apuntemos al respecto que es precisamente esta doble lectura la que no debe encontrar problemas a la hora de establecer la vinculación entre lo real y lo irreal, porque el lector ha de «sentir» el tema de la narración como un conjunto de situaciones admisibles, lógicas y coherentes.

El papel de los matices en el relato

Al referirnos a los matices que están presentes en todo relato breve, hemos de insistir nuevamente en lo que ya hemos dicho —si bien un poco de pasada— sobre el punto de vista.

En páginas anteriores hemos hablado del punto de vista refiriéndonos exclusivamente al plano literario, a la lente a través de la cual el lector observa el mundo que hemos creado como escritores. Esto es algo que podemos conseguir a través de lo que dice y siente nuestro personaje —para lo cual lo más conveniente es que se exprese en primera persona— o por medio de una visión menos subjetiva de lo que esté aconteciendo, en cuyo caso será el autor el que narre lo que sucede dejando a un lado, en cierto modo, al personaje.

Los sentimientos de nuestro personaje constituyen la lente a través de la cual el lector percibe el mundo que se le está contando.

Tengamos siempre presente que sea cual sea la voz que hayamos escogido para narrar la historia de ese relato breve o de esa novela corta que estamos escribiendo, es muy importante el tono que emplee la voz narradora. Los matices que esta pueda mostrar han de ser muy variados y deberán exhibir, por consiguiente, un amplio abanico de estados anímicos: desde la ambigüedad hasta la precisión; desde la frialdad hasta la ironía o la sospecha; desde la austeridad hasta la exaltación y la nobleza.

Los matices que deben mostrar los personajes del relato han de ser muy variados e, incluso, levemente antagónicos en algunas ocasiones.

En este sentido, a veces una sola frase, por muy corta que sea, ha de estar plenamente justificada pues, de lo contrario, puede restarle fuerza al relato. Kipling afirmaba que para él era más importante lo que tachaba que lo que dejaba escrito en el relato. Stendhal, bastantes años antes que él, insistía en este mismo punto. «La literatura es el arte de la omisión, y yo omito todo aquello que no me parece importante», afirmaba. Y Borges decía que si en una novela lo importante eran los personajes, en el relato breve o en el cuento, lo esencial era la trama, la situación.

Lo más sustancial de un relato breve es la trama, sin relegar la importancia que puedan tener los protagonistas o la situación que en él se desarrolle.

Y para poner fin a este apartado sobre los matices que deben estar presentes en el relato no está de más que recordemos aquella sentencia de Cervantes: «Los cuentos, unos encierran y tienen gracia en sí mismos, y otros en la forma de contarlos».

Así pues, tratemos de dar a nuestra obra aquel matiz que mejor capte el interés del lector, aquella forma que, a nuestro juicio, logrará entroncar con él de un modo más vivo.

La atmósfera del relato

Es habitual que la acción y el desarrollo de un relato breve transcurra en un lugar determinado y en un momento preciso, pero de la temporalidad del relato hablaremos más adelante. Aquí quisiéramos exponer lo que debe entenderse como «actitud del narrador». Esa actitud concreta queda plasmada en diferentes elementos, de los cuales uno de las más determinantes es lo que entendemos por «atmósfera del relato».

Tal atmósfera queda reflejada en el lugar y en la época que se han escogido para el relato. Todo escritor debe mostrarse sensible a estos factores determinantes que, en esencia, son los que favorecen su labor creativa. Un país concreto, un grupo humano bien definido, una época histórica determinada. Estos elementos colaboran con el autor para facilitarle la creación de la obra aunque, como es evidente, no sean los únicos.

Los datos concretos, los detalles precisos, son puntales esenciales a la hora de crear la atmósfera del relato.

Porque además de estos elementos tan necesarios, hemos de tener presente también la actitud del narrador que, como ya hemos dicho, se encuentra determinada por el punto de vista seleccionado para ese determinado relato.

En no pocas ocasiones esa actitud también viene dada por un estado de ánimo del narrador que va impregnando lo que cuenta, poniéndolo siempre en boca de su personaje. En este sentido, la atmósfera del relato es un trasunto de la propia experiencia del narrador, aunque esa atmósfera pueda surgir de su nivel más periférico.

Para explicar en cierto modo lo que debe entenderse por la atmósfera que circunda al relato, recordemos lo que muchos escritores reconocidos afirman: en un determinado momento se vive un sentimiento nacido, por ejemplo, de la visión de un paisaje, de una persona, incluso de un objeto, y ese sentimiento es el que va urdiendo y dando pie, a la narración.

Así pues, la atmósfera es un elemento esencial para captar el interés del lector. Los cuentos de Alan Poe, de Bradbury, de Lovecraft —o las novelas de Conrad o de Sabato, por poner otros ejemplos— son claras muestras de la importancia que reviste en tales obras la atmósfera creada por el autor.

Muchas veces es precisamente esa atmósfera que reina en la narración, el factor que atrapa en mayor medida al lector, el que canaliza su interés y le hace desentenderse, hasta cierto punto, del comportamiento manifestado por los protagonistas.

La atmósfera que envuelve al relato es fundamental para captar el interés del lector.

Al margen de esas obras en las que la atmósfera exterior genera un interés por parte del lector, existe también otra «atmósfera interior» que asimismo fomenta en él un estado de expectativa. De esta clase de atmósfera de tipo psicológico fue singular maestro Samuel Beckett, de cuya obra *El innombrable* quisiéramos transcribir parte de su inicio:

«¿Dónde ahora?¿Cuándo ahora?¿Quién ahora? Sin preguntármelo. Decir yo. Sin pensarlo. Llamar a esto preguntas, hipótesis. Ir adelante, llamar a esto ir, llamar a esto adelante. Puede que un día venga el primer paso, simplemente haya permanecido, donde, en vez de salir, según una vieja costumbre, pasar días y noches lo más lejos posible de casa, lo que no era lejos. Esto pudo empezar así. No me haré más preguntas. Se cree solo descansar, para actuar mejor después, o sin prejuicio, y he aquí que en muy poco tiempo se encuentra uno en la imposibilidad de volver a hacer nada…»

Desde estas primeras líneas, Beckett envuelve al lector en una atmósfera desasosegante, plagada de interrogantes que habrán de ser la tónica de toda la obra.

Elaborando la realidad en el relato

Uno de los puntos que hemos de tener presentes en nuestra narración es el modo en que nos apropiamos de ella, es decir, cómo le otorgamos nuestra interpretación personal. Para el lector del relato eso resulta igualmente fundamental, porque ha de coaligarse con la función creadora del escritor. De lo contrario, perderá todo el interés en la narración

Sea cual fuere el tema de nuestra obra, tenga el origen que tenga, ha de constituir una elaboración real. Es este un punto que todo escritor ha de tener muy en cuenta. El lector debe tener la impresión de que de no haber leído ese relato breve o esa novela corta que hemos creado para él, habría perdido la oportunidad enriquecer su visión del mundo.

Así pues, como autores, hemos de construir una realidad accesible al lector que le ofrezca la oportunidad, como ya hemos dicho, de poder mejorar sus puntos de vista.

Al ser el creador de su historia, el escritor debe incorporar, en cierto modo, el papel del mago, del demiurgo que transforma lo que generalmente es habitual y cotidiano en algo que resulte diferente, incluso excepcional.

Aunque nuestro relato transite por el camino de la realidad, siempre ha de tener matices extraordinarios que sirvan para enriquecer la visión del lector.

El escritor británico Thomas Hardy afirmaba que el problema del escritor es el de saber equilibrar la balanza entre lo que no es habitual y lo que, por el contrario, resulta corriente. «Todo el secreto de la obra de ficción... reside en el acoplamiento de cosas que se apartan de lo corriente a cosas que resultan eternas y universales...» Queda bien claro que Hardy era muy consciente de la importancia que tiene ese equilibrio antes mencionado.

Y si bien el relato, como cualquier forma narrativa, debe ser una reelaboración de la realidad, sea cual sea su origen o su fuente, esa reelaboración ha de tener una realidad diferente, si es posible insólita, pero nunca inocua ni mucho menos convencional.

Se ha dicho hasta la saciedad que en no pocas ocasiones la realidad supera la ficción. Es una verdad en la que, en el fondo, todos creemos. No obstante, en la mayoría de las ocasiones no reflexionamos sobre otra verdad, tal vez más importante: la realidad no necesita ser verosímil. Incluso podríamos decir que cuanto menor contenido tenga de verosimilitud (elemento que, como veremos seguidamente, juega un gran papel en la narración), más atractiva se nos hace esa realidad.

La realidad no tiene por qué ser verosímil, porque, de hecho, «ya es». A nuestro relato, por el contrario, hemos de dotarlo de toda verosimilitud.

La obra narrativa —el relato, el cuento— necesita que la hagamos verosímil, porque partimos de un hecho ficticio. Todos sabemos que requiere un cierto trabajo hacer creíble una mentira. Y ese trabajo se hace mayor en el momento en que construimos nuestro relato o nuestro cuento, porque si los hechos reales no necesitan ser justificados, por el mero hecho de su existencia, la obra literaria necesita verse justificada.

Hablemos de la verosimilitud en el relato

La narración más o menos breve —el caso de la novela corta es diferente— pide que los elementos que la conformen ofrezcan al lector ese carácter de lo verosímil, de lo aceptable, de lo aparentemente verdadero. Las palabras que escojamos, las ideas que expongamos, los personajes y las situaciones que creemos han de ofrecer esa «virtud» de lo verosímil. Solamente así podrá funcionar el relato.

En buena medida podríamos afirmar que la verosimilitud radica en la capacidad de convicción que el autor de la narración genere en el lector. Por tanto, será verosímil todo relato que resulte creíble para el lector. Importa poco que lo que contemos en ese relato breve o en esa novela corta que estamos escribiendo haya podido ocurrir o no. Lo fundamental es que logremos hacerlo verdadero, que el lector lo considere posible y creíble.

Pero quisiéramos insistir en que «verosímil» y «real» no tienen por qué ser conceptos antagónicos en el relato sino que en muchas ocasiones se complementan a la perfección para enriquecerlo.

Lo verosímil y lo real no son conceptos que se opongan mutuamente en el relato.

Contaba Cortázar que uno de sus cuentos —*Apocalipsis de Solentiname*, concretamente— era un relato de los más realistas que habría podido escribir o imaginar, porque estaba basado en buena medida en un hecho que él mismo había vivido y que deseaba contar con toda fidelidad. Sin embargo, al final del relato, decidió incluir un elemento totalmente fantástico, porque consideraba que lejos de huir de la realidad lo que pretendía era llevar las cosas a sus últimas consecuencias, a fin de que aquel relato llegara al lector con mayor fuerza.

En el relato, como en el cuento, lo fantástico no tiene por qué oponerse a una visión de la realidad.

Vemos, pues, que lo verosímil no necesita apoyarse en argumentos aparentemente reales y creíbles sino en el hecho de que los protagonistas del relato actúen de forma que resulte convincente para el lector.

La ficción no es, ni tiene por qué ser, un reflejo de la realidad, ya que es mucho más que eso. De todos modos, al escribir nuestro relato siempre nos puede ayudar el hecho de disponer de la mayor cantidad posible de información sobre el tema que estamos desarrollando. Si sabemos lo que decimos, es casi seguro que el lector se dará cuenta de ello.

Vamos a finalizar este apartado sobre la verosimilitud con unas frases muy acertadas que la ya citada Edith Wharton dedicaba a este punto: «La verosimilitud es la verdad del arte. Cualquier convencionalismo que dificulte la ilusión estará en el lugar equivocado. Y pocos la entorpecen más que ese descuidado hábito que tienen algunos escritores de salir y entrar a trompicones de las mentes de sus personajes, para retirarse luego de repente a escrutarles desde fuera como si estuvieran moviendo los hilos de las marionetas de un teatro infantil».

La motivación en el relato breve

Toda narración, por breve que sea, necesita una motivación, es decir, el propósito que nos ha impulsado a escribir ese relato y no otro. Y esa motivación ha de ir surgiendo de forma gradual en el transcurso de la historia.

Conviene que recordemos aquí que no se debe dar al lector desde las primeras páginas toda la información sobre lo que nos proponemos contar a lo largo del relato. Es necesario proteger con cierta astucia ese propósito que guardamos celosamente en nuestra cabeza, pues de lo contrario la narración perderá todo interés para el lector.

Una manera de crear esa motivación, ese propósito, es establecer desde el principio —o, mejor aún, desde antes de escribir la primera línea— una premisa básica, que constituirá el eje del desarrollo de nuestro relato. Esa premisa no tiene por qué ser una verdad universal, por supuesto. Simplemente se trata de una exposición que trataremos de demostrar en nuestra narración.

Podemos querer demostrar, por ejemplo, que la ambición es necesaria para lograr el éxito o, por el contrario, que esa ambición conduce al fracaso o que incluso empuja a cometer las más bajas acciones. En todo caso, dejemos bien claro que esa proposición, esa premisa que queremos demostrar, defender o rechazar a lo largo del desarrollo de nuestra narración no tiene por qué ser necesariamente «virtuosa».

Tengamos muy claro cuál ha de ser la motivación que constituirá el fundamento del desarrollo del relato.

Como es lógico, la motivación del relato también se halla fuertemente vinculada al carácter de los personajes que figuran en él y, puesto que no es imprescindible que aquellos sean claros exponentes de valores éticos y morales, podemos construir un buen relato con personajes que, en el fondo, no dejan de ser unos indeseables.

Recordemos finalmente que la motivación tiene mucho que ver —como ya dijimos en las primeras páginas de este libro— con la fuerza y la convicción que demos a las frases iniciales del relato.

Sugerencias

- Hacer que la técnica empleada en el relato haga verosímil una realidad que, en principio, no había sido claramente percibida por el lector.
- Utilizar un contexto que ayude al lector a diferenciar el plano real del irreal.
- Lograr que el lector sienta la narración como algo admisible y coherente.
- Hacer que los sentimientos del protagonista ayuden al lector a percibir el mundo que se le cuenta en el relato.
- Tener presente que lo más importante del relato es su trama.
- Cuidar la atmósfera del relato.
- Saber apropiarse de la narración, es decir, saber dar al lector la interpretación personal de los hechos que se cuentan.
- Lograr que con lo narrado el lector amplíe su visión del mundo.
- Recordar que la realidad no necesita ser verosímil.
- Tener presente, sin embargo, que la verosimilitud del relato radica en la capacidad de convicción que le otorgue el autor.
- Recordar que la motivación es un punto necesario en toda narración.
- Recordar que la motivación o el propósito de la obra no tiene que basarse necesariamente en una «verdad universal».

Improcedencias

- Descuidar el marco exterior del relato, los datos biográficos, históricos, culturales, etc.
- Descuidar el tono de la voz narradora.
- Olvidarse de que los matices mostrados por los personajes han de ser muy variados.
- Descuidar la atmósfera del relato.
- No hacer accesible al lector la realidad que se le cuenta.
- Olvidar que los protagonistas del relato actúen de forma convincente.
- Esforzarse en que los personajes protagonistas del relato sean modelos de virtud.

Ejercicio

Lea un relato breve, un cuento o una novela corta y anote qué personajes de la narración se han comportado en su desarrollo con más autenticidad y cuáles han dado la impresión contraria.

Conclusión

En toda obra narrativa, ya sea corta o extensa, se ha de encontrar una atmósfera y unos matices que hagan verosímil lo que, aparentemente, pudiera parecer poco real en un principio.

A modo de recordatorio

Toda narración tiene necesidad de una motivación, de un propósito definido que la justifique. Sin embargo, el escritor deberá ocultar en lo posible ese propósito para que la narración no pierda interés.

9

EL DESENLACE

La coherencia en el final del relato

Sin duda es el final de la narración un punto capital para reconciliarnos con el lector. Y se ha de entender que no nos estamos refiriendo al final como los últimos párrafos o, incluso, las últimas líneas del texto. El desenlace es más que eso, ya que constituye esa parte del relato, del cuento o de la novela corta que deberá proporcionar sentido a toda la narración.

Un desenlace coherente, en el que desembocan de forma adecuada los hechos narrados y las actitudes mostradas por los personajes, obliga muchas veces al lector a que vuelva a leer el texto y comprenda, justifique y apruebe lo que posiblemente le pasó por alto en una primera lectura, porque, como no nos cansaremos de repetir, un desenlace acertado da valor al relato.

Ha de procurarse que todo relato tenga un final coherente con el desarrollo de la trama.

Ya hemos dicho que la creación literaria tiene su propia dinámica, y que en no pocas ocasiones las escenas, las situaciones y hasta el mismo final de la obra que teníamos previsto en un principio se van modificando

—e incluso se cambian sustancialmente— a medida que la narración va tomando forma. Al igual que sucede en la vida del ser humano, la creación literaria —que, en cierto modo, representa un trasunto de la vida real— puede presentar, y de hecho presenta, muy variados e inesperados cambios.

Esta posibilidad, como es lógico, se da con más frecuencia en una novela extensa —en la que tramas y subtramas pueden complicar el desarrollo de la obra— que en una creación literaria más corta, como puede ser un relato breve.

No se debe anticipar al lector el desenlace del relato. Ello redundará en desinterés por parte del lector.

No obstante —y además de esa dinámica que autoimpulsa la obra—, no hay que olvidar que el lector, a medida que va leyendo nuestro relato, también va estableciendo sus propias expectativas con respecto al desenlace de lo que está leyendo. Por ello, uno de los puntos que hemos de cuidar con esmero en el desarrollo de la obra es no anticipar al lector cuál, o de qué manera, concluirá el relato. Mantener su curiosidad y su interés, aun cuando no estemos escribiendo una obra de intriga, es fundamental.

La sorpresa en el desenlace

El final de nuestro relato tiene la posibilidad de adaptarse a varias opciones. Podemos hacerlo sorprendente, abierto o, incluso, realizar con él una especie de vuelta de tuerca, concluyéndolo, más o menos, de la manera que empezó.

El conocido escritor estadounidense de relatos breves Erskine Caldwell, al que ya nos hemos referido en el transcurso de estas páginas, afirmaba que el mejor modo de terminar un cuento es saber callar a tiempo. Es una opción, naturalmente, pero una opción que merece ser tenida en cuenta.

Existen varias formas de finalizar el relato y el autor deberá escoger aquella que mejor se adapte a las características y al desarrollo de la trama.

Borges —autor de muchos relatos que son, a todas luces, modélicos— afirmó en alguna ocasión, con cierta ironía, que antes de escribir un relato sabía perfectamente cuál iba a ser el principio y cuál el final: el único problema que se le presentaba era saber cómo iba a ir del uno al otro.

No es ese el caso de muchos autores de relatos e historias breves, porque, como ya hemos dicho en más de una ocasión, la obra que estamos escribiendo, por corta que sea su extensión, crea su propia energía y, a veces, ese definitivo desenlace resulta muy diferente del que habíamos planeado en un principio, *aunque nunca haya de ser improvisado.*

Como norma, un buen final debe ser la consecuencia lógica del desarrollo de la trama.

Allan Poe, maestro indiscutible de las narraciones breves, afirmaba que el final del relato debería crear en el lector un cierto estímulo para la reflexión, que en ocasiones podía ser de carácter emotivo y, en otras, meditativo. No olvidemos que si el desarrollo del relato ha captado el interés de nuestro lector, no podemos defraudarle con un desenlace que le confunda, le desilusione o francamente le defraude.

Finalizar bien la historia

Decía Nietzsche —que si bien no se dedicó precisamente a escribir relatos sí se preocupó, como filósofo, en conocer a fondo la entraña del ser humano y de la creación artística— que era necesario poseer talento para conferir el toque de lo inevitable a la conclusión de cualquier obra de arte. Él resumía esta condición, que consideraba indispensable, diciendo que inventarse un buen final hacía patente la inteligencia del creador.

La mejor forma de enriquecer un relato es darle un final acertado.

Es obvio afirmar que si finalizamos nuestro relato de un modo inadecuado, el valor del mismo se verá seriamente afectado. Si no lo dotamos de verdadero sentido, le estaremos restando su auténtico significado. En todo caso, como ya se ha dicho, el desenlace de la obra que escribamos ha de venir determinado por el tema de la misma.

Recordemos que los finales excesivamente sorprendentes no son los más recomendables para dar por concluida una trama (a excepción, claro está, de la novela de suspense o de misterio que no es el tema de este libro), sobre todo cuando estamos escribiendo una obra breve. De todos modos, conviene aclarar que este tipo de desenlace, siempre que enriquezca el relato, no tiene por qué ser rechazado.

Evitemos los golpes de efecto innecesarios en el desenlace del relato.

En el supuesto de que optemos, al finalizar la narración, por dar al lector algún tipo de explicación que justifique el desarrollo y la trama del relato, sería aconsejable que no nos extendiéramos demasiado en esa explicación. Ser breve es, en esta ocasión, lo más adecuado. El lector ha de sacar sus propias conclusiones de lo que ha leído, sin necesidad de que nosotros nos esforcemos en aclarárselas.

¿Existe el final perfecto?

Es muy posible que el desenlace de nuestro relato breve, de nuestro cuento o de nuestra novela corta no lo tengamos totalmente perfilado cuando iniciamos su escritura, pero aun cuando tuviéramos decidido ese final, es más que probable que a medida que se va desarrollando el relato, la propia dinámica de la narración modifique la idea inicial.

Aunque sea conveniente tener previsto un posible desenlace para el relato, dejemos que sea el desarrollo de la obra el que lo marque.

Podríamos sugerir que, como norma, el final ha de mostrarse acorde con el resto de la historia. Y si ese final ideado en un principio tiene que ser modificado —y, en ocasiones, debe convertirse en algo completamente distinto— tal variación no debe constituir un problema.

Insistamos en que, ante todo, hemos de buscar en nuestra narración la armonía entre el principio, el desarrollo y el final. Es muy posible que mientras estamos escribiendo, una frase vaya llevando a la siguiente. Y en no pocas ocasiones el escritor se convierte en una especie de espectador que se queda sorprendido ante el desarrollo de su proceso creativo. En eso precisamente radica la riqueza de la creación literaria. El escritor —permítasenos este aserto— es en buena medida un auténtico demiurgo a la hora de escribir su obra.

Más que obstinarnos en buscar un final perfecto para el relato, tratemos de que exista armonía entre el principio, el desenlace y el final.

Por esa razón, si lo que en principio considerábamos el desenlace perfecto para nuestra obra ya ha dejado de serlo, la cosa no tiene la menor importancia. El hecho es que se ha creado una dinámica distinta en el mismo relato que exige un final acorde precisamente con el desarrollo de la narración. Y ese desenlace será, sin lugar a dudas, el final más acertado.

Posibles tipos de desenlace

El relato admite distintas formas de desenlace y es aquí también donde el desarrollo de la narración puede exigir un tipo u otro de final. Tal modificación no tiene por qué preocuparnos. Tampoco hemos de sentirnos defraudados si aquel desenlace que, cuando ideamos el relato, nos parecía el más conveniente adopta ahora una forma completamente diferente.

El tipo de desenlace del relato vendrá dado por la propia índole de la narración.

De todos modos, conviene que sepamos cuáles son los distintos modos que han de poner punto final a nuestra obra. Como sucede en la obra cinematográfica —al fin y al cabo, el guión de una película es en el fondo una simple narración de sucesos—, podemos optar por un final definitivo, o cerrado, para el relato. Es ese un tipo de final que no deja otra opción a la historia. Los hechos contados se han resuelto de una forma que no dan pie a otra forma de desenlace y, al alterarlos, estaríamos desvirtuando la obra.

Otro tipo de final completamente distinto al anterior es aquel en que creamos la posibilidad, ante el lector, de que la historia que le hemos contado puede tener continuación. Este tipo de final es más propio de una novela —corta o larga—, ya que el relato breve o el mismo cuento, no lo admitirían fácilmente. Se trata en este caso de un final abierto, pues la historia contada aceptaría la posibilidad de tener una posible continuación. Volveremos sobre este punto más adelante.

El relato breve, al igual que el cuento, admiten con mayor dificultad que una novela, un final abierto.

No se acaban aquí las opciones con las que hemos de concluir nuestro relato, ya que incluso podemos decidirnos a darle una especie de final circular, haciendo que el desenlace conecte directamente con el principio. Tanto el cuento como el relato breve admiten sin gran dificultad esta clase de final que, en cierto modo, no se encuentra alejado del final cerrado, del que ya hablamos.

Como hemos dicho, no se cierra la lista de posibles finales con estos tres modelos. Como autores podemos dotar a nuestra obra de un desenlace que encierre cierta sorpresa para el lector o que lo deje perplejo e intrigado. Incluso existe la opción de que, desde el principio —o hasta con el propio título de la obra— estemos dando alguna pista al lector de cuál será el final de la narración, sin que por ello la empobrezcamos en modo alguno. ¿Acaso autores de la talla de García Márquez, Borges o Benedetti, por poner tan solo estos tres ejemplos, no lo hicieron así?

Conectar acertadamente el final con el principio del relato es una opción que siempre se puede tener en cuenta.

Dicho lo que antecede, queda claro que las fórmulas existentes para el final de nuestra obra son bastante variadas. Solo hemos de poner aquí una regla: *no precipitemos el desenlace, ni concluyamos nuestro relato de un modo forzado o descuidado.*

Un método original

Resulta muy fácil dañar nuestro relato con un final desacertado. De nada servirá entonces que el desarrollo de la narración haya sido bueno y que los personajes estén bien trazados si lo estropeamos todo con un final desacertado. Los críticos literarios anglosajones llaman *fizzle finale* a esta forma de concluir la obra de un modo chirriante, a ese recurso de acogerse a un desenlace desajustado y muy poco elaborado que empobrece o incluso puede arruinar definitivamente el relato.

Tratemos de evitar que el relato concluya de un modo rápido y cómodo para el autor, pero defraudador para el lector.

Sabedor de la importancia que tiene un buen final en toda narración, Edgar Allan Poe recomendó en su día lo que podríamos denominar «método retrospectivo», es decir, empezar el relato por el final.

Aparentemente da la impresión de que esta idea es un poco singular —por no calificarla de arriesgada—, después de todo lo que hemos dicho acerca de las posibles variaciones que pueda sufrir en el desarrollo de la narración ese final que teníamos planificado. La cosa tiene, sin embargo, su sentido, ya que de ese modo no nos desviaremos del objetivo que nos habíamos marcado al escribir la historia. Y, además, no olvidemos que Poe fue uno de los grandes maestros del relato breve en la historia de la literatura.

El llamado «método retrospectivo» es un recurso literario no desdeñable, pero que encierra posibles riesgos.

Siguiendo la idea de Poe, más de un autor estadounidense decidió tener siempre ante sí el texto de las últimas frases de la obra que estaban escribiendo. Era la única forma, aseguraban, de saber adónde conduciría su relato y de cómo habrían de llegar, sin extravíos, a su desenlace. Algo que ya hemos comentado.

Escojamos o no este método, de lo que hemos de estar seguros es de saber cuál ha de ser el final de nuestra historia, es decir, cuál será el mejor camino para llegar a ese desenlace y cuáles habrán de ser también los momentos cruciales del relato.

Requisitos para un buen desenlace

De todo lo anterior se desprende que un final acertado requiere ciertas condiciones que hemos de respetar si no queremos defraudar a nuestro lector.

Diremos, en primer lugar, que el relato —ya sea corto o largo— debe tener un final que satisfaga al lector. Para ello es necesario que a las cuestiones que aquel se pueda formular a lo largo de la narración les demos una respuesta sincera y clara, sin caer en pequeñas trampas o improcedencias que servirían tan solo para crearle un sentimiento de confusión o de frustración.

Tratemos de finalizar el relato de modo que su desenlace pueda satisfacer al lector.

Estrechamente vinculada con esa oportuna condición está el que sepamos concluir el relato generando en nuestro lector una reacción estimulante, una sensación de que ha merecido la pena leer nuestra historia, porque tanto la actitud de los personajes como la manera en que hemos tratado el relato le han resultado válidos y no solamente placenteros.

Por último, y no menos importante, es saber concluir de una forma lógica, incluso si hemos dotado a ese final de una cierta dosis de sorpresa.

Creemos con el desenlace un sentimiento estimulante en el lector, una sensación que le haga reaccionar sobre alguna de las preguntas que se haya podido formular —más o menos explícitamente— a lo largo de la historia.

No quisiéramos decir con lo expuesto que, como autores, no podamos concluir nuestra historia de una manera menos ortodoxa, si lo que pretendemos es deslumbrar o demostrar al lector nuestra habilidad y capacidad creadora. Personalmente, no recomendaría esta opción que, en ocasiones, es algo que atrae al escritor novel quien, sobre todo, desea destacar por su originalidad. La vehemencia artificiosa resulta siempre poco convincente.

Más consideraciones sobre el desenlace

Insistamos un poco más sobre esa equivocada idea que tienen algunos autores principiantes que consideran que lo mejor es finalizar su relato de una manera llamativa, efectista y, llegado el caso, hasta recurriendo a lo sobrenatural e inexplicable.

No hay que caer en la trampa de querer sorprender al lector con un desenlace efectista.

La afortunada abundancia de buenos escritores de relatos breves y de cuentos —que ha existido siempre, pero que ha florecido de manera especial a partir del romanticismo— ha creado en el lector una actitud ante la narración en la que cualquier desenlace con el que queramos sorprenderle tiene pocas posibilidades de lograr su propósito.

Por ello creemos que lo más adecuado es finalizar el relato de un modo natural —lo cual no quiere decir que nos neguemos en redondo a salpimentarlo con unos granos de intriga y de suspense— en los que no haya demasiadas estridencias, evitando ese *fizzle finale* a que se refieren los comentaristas anglosajones y que nada tiene que ver con la recomendación que hacía Chéjov de que al lector hay que mantenerlo siempre interesado en lo que se le cuenta.

Aunque no sea una idea desacertada concluir nuestra narración con cierta dosis de suspense, evitemos a toda costa darle un final «chirriante».

El relato, el cuento o la novela corta que pensamos escribir, o que estemos escribiendo, se va creando poco a poco y cada frase, hasta cada palabra, debe ir dando sentido y construyendo la intencionalidad de la historia. Afirmaba Guillermo Samperio, un magnífico cuentista hispanoamericano, que si logramos que la acción se sostenga a lo largo de toda la obra estaremos, en cierto modo, trabajando a favor de la tensión con la que podamos dotarla.

Sugerencias

- Cuidémonos de que el desenlace proporcione sentido a la narración.
- Respetemos la dinámica de la narración a la hora de concluirla.
- No anticipemos al lector la forma en que concluirá el relato.
- Recordemos que dotar al relato de un buen desenlace hace patente la inteligencia de su creador.
- Evitemos los finales demasiado sorprendentes.
- Mantengamos la armonía estructural entre el principio, el desarrollo y el desenlace del relato.
- El final debe venir justificado por la índole de la narración.
- Decidamos, antes de empezar, qué tipo de final escogeremos para nuestra obra.
- Evitemos dañar el relato con un final desacertado.

- Concluyamos el relato creando en el lector una reacción estimulante.
- Demos un final lógico y siempre natural al relato.

Improcedencias

- Anticipar al lector el desenlace de la historia.
- Defraudar al lector con un desenlace que le cause confusión.
- Crear golpes de efecto innecesarios en el desenlace.
- Obstinarse en buscar un final «perfecto» a costa de la narración.
- Precipitar el desenlace.
- Concluir el relato con un final apresurado y deficiente, con un *fizzle finale*, por ejemplo.

Ejercicio

Lea dos relatos cortos del mismo o de diferente autor y compruebe cuál de los dos le merece una mejor valoración, y por qué motivo.

Conclusión

Ha de procurarse que el desenlace de una obra no rompa la armonía que debe existir entre principio, desarrollo y final. Un desenlace coherente, natural y lógico enriquece el relato.

A modo de recordatorio

Nunca se debe forzar el final del relato para conseguir un golpe de efecto ante el lector.

TERCERA PARTE

10

EL TEMA Y LA FORMA EN EL RELATO

Saber elegir el tema

Resulta obvio afirmar que el éxito que pueda tener nuestro relato, nuestro cuento o nuestra novela corta dependerá, en gran parte, del tema que hayamos escogido para contar y de cómo vayamos a contarlo.

Preocupación para todo creador de una historia es el tema que hayamos escogido para ella.

Pero no es menos evidente que una vez elegido el tema de la obra que vamos a escribir, el elemento fundamental para que el barco llegue a buen puerto es el interés que pongamos en contarla, y a este respecto, tengamos siempre presente que si no hemos acertado en la elección del tema y no nos entregamos plenamente a su realización, el lector —que, al fin y al cabo, es el único observador que nos importa— detectará pronto nuestra falta de interés y el contagio será inmediato. Si mostramos pasión en la historia, él también se apasionará; si, por el contrario, hay desinterés en nosotros, también lo habrá en él.

Olvidémonos de deslumbrar al lector con temas exóticos y rebuscados.

Uno de los posibles errores que puede cometer un escritor novel es tratar de sobresalir con su historia buscando un tema exótico, algo diferente o sorprendente, que pueda deslumbrar al lector. Ya hemos dicho algo acerca de esa equivocación. Los franceses llaman a esa forma de querer fascinar al lector —sin duda, un tanto pedante y vanidosa— «*épater le bourgeois*», es decir, dejar estupefacta a la gente corriente.

De sobra está decir que hemos de huir de semejante «desmelenamiento», que solamente hablaría de la incapacidad para dotar a nuestra historia de un desarrollo más acertado.

La calidad del tema

Se ha dicho en más de una ocasión que no hay temas buenos o malos, acertados o desacertados. Todo depende del modo que se cuente la historia.

Un relato acertado será, pues, aquel que permita al lector entrar de lleno en la historia, que se la haga accesible y convincente, que le abra la puerta para que ese lector, en principio interesado en la historia, se instale cómodamente en ella. Es así como el lector, al considerar que lo que le estamos contando es algo *verdaderamente vivo*, agradece el esfuerzo que hemos hecho para contárselo, al margen de la fuente en la que hayamos podido beber para crear el relato.

La calidad o la importancia del tema escogido para contar la historia tiene un valor muy relativo. Lo sustancial es el modo en que tratamos ese tema.

Pongamos, por ejemplo, el caso de la magnífica obra de Gibbon *Historia de la decadencia y caída del imperio romano*, en la que el autor estudia minuciosamente el proceso de descomposición del más poderoso y prolongado imperio que haya existido en el planeta. Pues bien, esta singular obra, escrita en pleno siglo XVIII, además de constituir fuente e inspiración para incontables novelistas históricos, también dio pie a numerosos relatos breves, a múltiples cuentos e, incluso, a algunas historias de ciencia ficción.

Cualquier tema, por conocido que sea su origen, puede dar pie a un original relato.

¿Se preocuparon los lectores de todas esas novelas, cuentos y relatos breves por conocer la fuente que los había inspirado? Seguramente, no. Lo único que les importó —y les estimuló— fue comprobar la calidad e interés que les suscitaba lo que estaban leyendo para crear su propia historia.

El interés del tema en el relato

En buena medida podemos afirmar, al referirnos al interés que encierra un relato, que es precisamente el autor el que debe vivir ese interés, a fin de poder trasmitírselo posteriormente al receptor de la historia, es decir, al lector. Si no estamos verdaderamente interesados en la historia que contamos, mejor es que no la escribamos.

Para generar interés en nuestra obra por parte del lector, es fundamental que primero nos sintamos interesados, como autores, en la historia que contamos.

Es frecuente que el escritor novel trate de enriquecer su relato breve, de dotar de mayor interés a su relato, a su cuento o a su novela corta creando efectos, más o menos llamativos, que puedan suscitar mayor interés en el lector.

A este respecto vale la pena citar —una vez más— lo que dice Edith Wharton: «Si una vez centrado en el tema, el autor lo dejara crecer poco a poco en su cabeza en lugar de ir buscando por ahí una combinación arbitraria de circunstancias, entonces la historia tendría esa calidez, ese aroma y sabor de una fruta madurada al sol, en lugar de no saber a nada, como sucede con las que han sido obligadas a madurar en un invernadero».

Debe quedar claro que si bien debemos «dejar que la fruta madure al sol», eso no impide que tengamos plena libertad en el desarrollo de nuestra historia para utilizar los recursos —incluso a veces ligeramente arbitrarios— que nos parezcan más oportunos para interesar a nuestro lector.

Aunque tengamos libertad absoluta para utilizar los recursos necesarios que puedan generar interés en el lector por lo que contamos, no forcemos ese interés con efectos inadecuados.

Aconsejaba Chéjov que si queremos escribir una historia que tenga interés, lo primero que hemos de hacer es saber escoger el tema, para lo cual tenemos plena libertad, pero que para «no inventar la pólvora» tratemos de evitar aquellos temas que ya se han tocado innumerables veces. Indiscutiblemente, si lo hiciéramos así restaríamos interés a nuestro relato.

La forma

La forma que demos al tema escogido para nuestra historia es algo que debe exigir el mismo tema.

Como máxima que se ha de tener siempre presente, diremos que si utilizamos recursos fáciles en nuestra historia, esta también resultará fácil para el lector (pero aclaremos que aquí estamos utilizando el término «fácil» como sinónimo de falto de interés).

Evitemos lo fácil, lo estereotipado, en la forma que demos a nuestro relato.

Julian Barnes, el genial escritor inglés, decía al referirse a la forma que se ha de dar a la historia que aquella no es la envoltura que recubre al pensamiento sino que es la misma esencia, el mismo corazón del pensamiento, porque no se puede imaginar una idea sin darle forma, ni tampoco establecer una forma sin dotarla de una idea.

Afirmaba el mismo autor que todo arte —y tenemos pleno derecho a considerar la creación literaria como un arte— depende de cómo lo realicemos. La historia escrita sobre un malvado puede resultar tan atractiva como si se hubiera hecho sobre el más importante de los héroes de la historia. Es el narrador el que debe escribir de acuerdo con sus sentimientos y asegurarse de que esos sentimientos sean auténticos.

Se ha de dotar de forma a las ideas, aunque el escritor no pueda establecer una mera forma narrativa sin apoyarla en su correspondiente idea generatriz.

Otros conocidos escritores— entre los cuales no quisiéramos olvidarnos de citar al estadounidense John Steinbeck, autor de la magnífica novela *Las uvas de la ira*, obra que creó en su país un impacto social equiparable al generado en el siglo XIX por *La cabaña del Tío Tom*— insisten en la importancia que tiene la forma en la narración, si bien advierten también que aquella ha de desarrollarse a partir de esta.

Como resumen de este apartado, repitamos que la originalidad de un relato no está en el tema que hayamos escogido porque, al fin y al cabo, hay infinidad de temas que han sido tocados a lo largo de la historia del relato sino en la forma que elijamos para contarla.

Más sobre el modo de contar

A la hora de ponernos a escribir ese relato o esa novela corta cuyo tema tanto nos seduce, hemos de recordar que a fin de que la narración resulte verdaderamente eficaz, es decir, para que el lector la encuentre auténtica, el desarrollo de la misma ha de estar de acuerdo con las ideas y los pensamientos que tengamos como autores, si bien no es necesario en absoluto que nos supeditemos al orden en que esos pensamientos hayan podido surgir en nuestra mente.

El desarrollo de la narración debe expresar y estar de acuerdo con el pensamiento que tenga el autor sobre el tema que trata.

El modo de contar nuestra historia no tiene por qué ser complicado o rutilante. Creo que ya hemos hablado de esto. Hay muchos modos de contar y todos son válidos, siempre que sean auténticos y no los mezclemos con el desarrollo de la historia que estamos contando.

Pongamos el ejemplo de dos escritores contemporáneos que tienen un modo de contar completamente opuesto: Hemingway y Faulkner. El primero lo hace de una manera sencilla, hasta podríamos decir que «simple». En sus novelas lo que prima son los personajes y la acción. Faulkner, por el contrario, tiene un modo de contar mucho más elaborado, más complejo, tal vez más evocativo, pero sin duda mucho más sofisticado.

Entregarse en la narración a un estilo sofisticado no es garantía exclusiva de que el relato tenga calidad.

Tampoco está de más recordar que en el ejemplo puesto la procedencia geográfica de los dos escritores era muy distinta, aunque ambos fueran estadounidenses. Hemingway pertenecía al norte de Estados

Unidos, Faulkner, al sur. Las novelas y los relatos del primero estaban fundadas en la sencillez de la acción. Faulkner, por el contrario, seguía el estilo mucho más complejo de James Joyce. ¿Con cuál de esas dos formas de narrar nos quedaríamos a la hora de escribir nuestra historia?

«Tallar» la forma de la narración

Vamos a contar la anécdota de aquel niño que tenía en la mano un pedazo de madera, al que estudiaba con mucha atención. Al observarlo tan ensimismado, el padre se le acercó, un tanto curioso:

—¿Qué vas a hacer con ese pedazo de madera? —le preguntó.

—Voy a tallar un elefante —le respondió el muchacho, muy seguro de sí.

—¿Y cómo piensas hacerlo? —volvió a preguntar el padre, no poco sorprendido.

—Muy sencillo —respondió el muchacho—. Lo único que tengo que hacer es eliminar de la madera todo lo que no se parezca a un elefante.

Una sabia respuesta que hemos de tener presente al desarrollar nuestro relato: desechar todo lo que sobre en la narración.

Eliminemos del relato todo aquello que en una revisión del texto nos parezca superfluo.

Ya están muy lejanos los días en la que los escritores de relatos —no todos, afortunadamente— se esforzaban en adornar innecesariamente sus historias. La prosa del relato breve, del cuento, incluso de la novela corta de nuestros días requiere un estilo sucinto, limpio de florituras, hasta puede que ligeramente esquemático. Podar y limpiar, ese es el trabajo.

Es bueno que tengamos presente que si queremos realizar una precisa corrección del relato que estamos escribiendo, lo primero que hemos de hacer es suprimir todo aquello que resulte inadecuado para la lógica de la narración.

Sugerencias

- Escojamos un buen tema para nuestra historia. El éxito que podamos tener dependerá en buena medida de esa elección.
- Pongamos el mayor interés en el tema seleccionado para nuestro relato.
- El autor debe saber transmitir al lector el interés que siente por la historia que está contando.
- No forcemos el relato con combinaciones arbitrarias de circunstancias narrativas.
- Dejemos que sea el tema del relato el que escoja su propia forma de ser contado.
- Recordemos la importancia que tiene la forma de contar en toda narración.
- Cuidémonos de que sea la forma de contar la historia la que dote de originalidad a la misma.
- Para que una narración se considere auténtica por el lector, el desarrollo de la historia deberá estar acorde con los sentimientos del autor.
- Eliminemos de la historia todo aquello que al revisarla nos parezca inadecuado para la lógica de la narración.

Improcedencias

- Buscar para el relato temas exóticos, tratando de deslumbrar al lector.
- Forzar el interés del lector con efectos inadecuados.
- Contar la historia con un estilo complicado ni llamativo.
- Adornar innecesariamente el relato.
- Preocuparse por disimular la fuente, el origen, del relato.

Ejercicio

Lea dos relatos breves, dos cuentos o dos novelas cortas de escritores cuyos estilos literarios sean muy opuestos —uno muy elaborado y otro más bien sencillo— y compruebe con cuál de los dos se siente más identificado.

Conclusión

Aunque el tema que se haya escogido para el relato pueda resultar interesante para el lector, es fundamental la forma de narrar la historia y, sobre todo, el interés que se ponga en la narración.

A modo de recordatorio

Es innecesario, incluso inadecuado, esforzarse en deslumbrar al lector con el tema o con la forma escogida para contar la historia. La sencillez en la narración debe ser la norma en todo buen relato.

11

LAS CLAVES DEL RELATO

La realidad en el relato breve

Tanto si estamos escribiendo un relato breve como una novela corta, el hecho innegable es que la narración ha surgido de una determinada realidad. Eso al menos es lo que dicen los tratadistas y estamos de acuerdo con ellos, pero siempre cabe preguntarse a qué tipo de realidad nos estamos refiriendo, porque no hay duda de que puede tener un buen número de interpretaciones.

En principio, una cosa es la realidad que percibimos a través de los sentidos corporales y otra muy diferente es la que, a través de la imaginación del narrador, pasa de este al relato que está escribiendo y en él queda plasmada. Es una realidad que está exclusivamente hecha de palabras, es una realidad virtual e ilusoria, pero, en buena medida, también auténtica.

La realidad del relato no está hecha de elementos físicos externos sino que está formada por los productos de la imaginación del narrador.

La realidad del relato breve, del cuento, de esa obra corta que estamos escribiendo se fundamenta básicamente en la adecuada «transcripción» de los elementos del mundo exterior a las circunstancias, emociones y sensaciones que viven los personajes de nuestra historia.

El narrador cuenta a través de sus personajes lo que de alguna manera ha vivido —o *pudo* haber vivido— en un determinado momento de su vida. Así pues, como ya se ha dicho, es un co-creador y, como tal, re-crea su realidad gracias al apoyo que le prestan sus personajes.

El universo del relato

Al escribir nuestro relato estamos dando por sentada la existencia de un universo, el universo de ese relato. Evidentemente, ese universo, ese mundo que exponemos en la narración, puede ser verdadero o falso, real o irreal, puede ser producto de nuestra observación o de nuestra imaginación, pero desde el momento en que lo escribimos ya tiene su propia identidad. Por tanto, nos hacemos aquí la pregunta fundamental: ¿hay más realidad en el universo de nuestro cuento o en el mundo exterior?

El universo del relato puede ser fruto de la observación personal del escritor o de su propia imaginación.

Como autores de nuestro relato, estamos transformando los datos que conocemos del mundo exterior en el material de la narración que contamos, pero esa transformación no es una mera copia sino que al crear el universo del relato lo que estamos haciendo es seleccionar y combinar los datos extraídos del mundo exterior para dar forma y sentido al material de nuestra historia. Y de ese modo el universo del relato adquiere su propia realidad.

El mecanismo que empleamos para realizar esa transformación es saber asumir y absorber ese universo a través de nuestros sentidos —y de nuestra mente— a fin de darle la consistencia y la coherencia que buscamos y que, por lo general, no encontramos en la vida.

Extraemos y seleccionamos del mundo exterior el material que, una vez transformado, dará sentido a nuestro relato.

El receptor de nuestro relato, el lector, podrá reconocerse y sentirse identificado con los personajes de nuestra historia, siempre que el mundo que hayamos construido en ella sepa mantener la debida conexión entre uno y otros.

De este modo es posible transformar la realidad externa en un producto de absoluta ficción. Incluso podemos recurrir a nuestro *aparentemente irreal relato* para mostrar de forma muy clara lo que nos desagrada o marcha mal en el mundo exterior. Lo único que hemos de tener presente en esta transformación —como en otras muchas características del relato— es no forzarla.

La integración en el relato

Consecuente con lo que acabamos de decir está el hecho de que la historia que estamos escribiendo nos sirve de elemento integrador de la realidad exterior. Muchas veces al escribir el relato nos percatamos de matices de nuestra psicología que nos habrían pasado por alto si no nos hubiéramos decidido a contar una historia.

No nos estamos refiriendo aquí al papel terapéutico —y bien comprobado— que tiene la escritura. Más bien hablamos de la conexión entre lo externo y lo interno. O, si se prefiere, de la integración de lo uno en lo otro.

En todo buen relato debe existir una conexión integradora con la realidad exterior.

Naturalmente, para que esa integración tenga lugar, es necesario que resulte verosímil. Pero ya dijimos, cuando nos referíamos a la verosimilitud en el apartado 6.5 de este libro, que la verosimilitud no tiene por qué ser contraria ni aliada de la realidad. Como alguien dijo con indudable acierto, la ficción puede ser una mentira que encubra una profunda verdad.

Afirmaba Cortázar que los buenos relatos son aglutinantes de una realidad infinitamente más vasta que la de su mera anécdota y que por eso han influido en nosotros con una fuerza que nos haría sospechar la modestia de su contenido aparente, de la brevedad de su texto.

El autor de un buen relato ha de saber, ante todo, integrar en su desarrollo y en la psicología de sus personajes la realidad externa.

Y para finalizar este apartado sobre la integración existente entre el mundo interior del narrador y la realidad externa, tengamos presente que son precisamente los personajes del relato y la comunión que tengamos con ellos lo que nos servirá de apoyo para conectar e integrar esos dos mundos.

Diferencia entre narración y descripción

¿Qué importancia tiene la narración en nuestro relato? ¿Sabremos diferenciar claramente lo que es en él narración y lo que atañe a la descripción? Para empezar diremos que lo más importante en todo relato breve o en todo cuento es que sepamos narrar la acción, los sucesos de toda índole que acontecen en él.

Hemos hablado a lo largo de estas páginas de los puntos fundamentales de todo relato: la forma de la trama que le hemos dado, las voces o puntos de vista desde los cuales hemos contado la historia, el diálogo y la caracterización de los personajes que integran la historia. Pero hemos de decir que todos esos procedimientos y componentes estilísticos del relato están supeditados a la narración. Si no hay una buena narración, no habrá historia.

La narración es el elemento fundamental de todo relato y a ella están supeditados todos los demás procedimientos del mismo.

En la narración contamos los cambios que viven los personajes, las situaciones por las que pasan, las circunstancias que les envuelven. En resumen, ella —la narración— es la *prima donna* del cuento, del relato o de la novela corta que estamos escribiendo.

Aunque, en principio, pueda resultar un tanto obvio para usted, lector de este libro, quisiéramos aclarar la diferencia que, en primer lugar, existe entre narración y descripción. La primera, como acabamos de decir, expone el entorno de lo que está pasando y, por consiguiente, lo que resulta cambiante a lo largo del relato. Los personajes van y vienen, sufren, se alegran, hablan. Ese acontecer de lo que cambia a lo largo de toda la historia es el sustrato y fundamento del relato. Y es ahí donde está presente la parte narrativa del mismo.

La narración se ocupa de la parte «activa» del relato, de lo que hace, vive y piensa el sujeto, mientras que la descripción se ciñe más al objeto.

¿Y qué diremos de la descripción? Pues que es ella la que hace referencia a los objetos, a los paisajes, a las cosas que no cambian. La descripción requiere buenas dotes de observación por parte del escritor. Sin ánimo de minusvalorarla, podría decirse que constituye el aderezo del relato, la ornamentación de la historia, una especie de marco de referencias para la misma. Pero no olvidemos que la narración tiene una temporalidad más intensa que la descripción. No en balde en la galería de grandes novelistas abundan los grandes narradores que, en ocasiones, no son precisamente maestros de la descripción. (Aunque, por su puesto, no nos olvidamos de la descripción genial de la dichosa magdalena del señor Proust.)

El relato breve y el cuento, por la exigencia de concisión y brevedad del texto, requieren más narración que descripción. En una novela extensa podemos extendernos más en el detalle, en la pormenorización del objeto. Las obras cortas se basan en la acción. Y, por consiguiente, en la narración.

Más sobre la descripción y la narración en la obra corta

Como ejemplo aclaratorio de la diferencia existente entre lo descriptivo y lo narrativo en la escritura, vamos a incluir en este apartado dos fragmentos de dos obras clásicas. El primero corresponde a la novela *Por el camino de Swam,* perteneciente a la trilogía *En busca del tiempo perdido,* de Marcel Proust; el segundo a un cuento de corte histórico, *Ana, soror,* de Marguerite Yourcenar.

Escribe Proust, de forma genialmente descriptiva:

> ... Más allá, el río modera su anchura y cruza una finca abierta al público ...Como por aquel sitio había en las orillas mucho arbolado, la sombra de los árboles daba al agua un fondo, por lo general, de verde sombrío, pero que algunas veces, al volver nosotros en una tarde tranquila después de un tiempo tormentoso, veía yo de color azul claro y crudo tirando a violeta, tono de interior de gusto japonés. Aquí y allá, en la superficie, enrojecía como una fresa una flor de ninfea escarlata con los bordes blancos. Un poco más lejos comenzaban a abundar las flores, no ya tan lisas, más pálidas, granadas y rizosas...

Esta descripción, que hubiera envidiado cualquier pintor impresionista, crea una atmósfera que envuelve complaciente al profundo —y enfermizo— subjetivismo del autor. (Pero que al lector le deja un tanto frío.)

El escritor de relatos breves ha de ser muy cauto con el uso de las descripciones en el desarrollo de su historia y evitar a toda costa que abunden o sean largas.

Veamos ahora cómo narra Yourcenar:

> … Ana ponía muchas esperanzas en la extremaunción; doña Valentina la recibió sin emoción alguna. Pidió que acompañaran hasta su casa al cura, que se deshacía en ruidosas homilías. Cuando hubo salido, Ana se arrodilló al pie de la cama llorando.
>
> —Nos abandonáis, señora madre.
>
> —He visto pasar treinta y nueve inviernos —murmuró imperceptiblemente doña Valentina—y treinta y nueve veranos. Ya es suficiente.
>
> —Pero nosotros somos aún tan jóvenes —dijo Ana—. No veréis instruirse a Miguel; y a mí no me veréis.
>
> Iba a decir que su madre no la vería casada, mas la idea la horrorizó de repente. Tuvo que interrumpirse.
>
> —Ambos estáis ya tan lejos de mí… —dijo en voz baja doña Valentina.
>
> Creyeron que estaba delirando. No obstante, todavía los reconocía, ya que tendió su mano a don Miguel, también arrodillado, para que la besara…

Menos de veinte líneas le han bastado a la autora para describir toda una escena dramática, en la que el lector se ve plenamente inmerso.

Las descripciones breves e intensas en el relato no solamente le dan fuerza a este sino que constituyen una forma de acercar el lector a la historia.

Maestro indiscutible del relato breve, J.D. Salinger introduce al lector en su cuento *Un día perfecto para el pez plátano,* con esta narración del primer párrafo:

> En el hotel había noventa y siete agentes de publicidad neoyorquinos. Como monopolizaban las líneas telefónicas de larga distancia, la chica del 507 tuvo que esperar su llamada desde el mediodía

hasta las dos y media de la tarde. Pero no perdió el tiempo. En una revista femenina leyó un artículo titulado «El sexo es divertido o infernal». Lavó su peine y su cepillo. Quitó una mancha en la falda de su traje beis. Corrió un poco el botón de la blusa de Saks. Se arrancó los dos pelos que acababan de salirle en el lunar. Cuando, por fin, la operadora la llamó, estaba sentada en el alféizar de la ventana y casi había terminado de pintarse las uñas de la mano izquierda.

Como dato que se debe tener muy en cuenta diremos que en este párrafo de Salinger, contamos casi la mitad de los adjetivos que emplea el autor francés en el suyo. ¿Con cual de ambos magníficos textos nos quedaríamos?

Sugerencias

- Recordar que toda historia surge en buena medida de una determinada realidad.
- Los personajes del relato han de ser los elementos de apoyo para recrear la realidad del mismo.
- Tener presente que toda narración posee su propia identidad desde el momento en que queda escrita.
- Saber transformar la realidad del mundo exterior en el material de la historia que se cuenta.
- Los personajes del relato han de constituir un puente de unión entre el mundo interior del narrador y la realidad externa.
- Saber diferenciar lo que es narración y descripción en el relato que se está escribiendo.
- Una buena narración es el elemento fundamental para construir el relato.
- Las obras cortas requieren más narración que descripción.

Improcedencias

- No diferenciar convenientemente entre la realidad exterior y la realidad virtual del relato.
- Establecer un cierto distanciamiento entre el lector y la historia contada.
- Forzar en el relato la transformación de la realidad, creando una historia inverosímil.

Ejercicio

Lea dos relatos breves o dos cuentos de diferentes autores y analice hasta qué punto prevalece la narración o la descripción en cada uno de ellos.

Conclusión

La realidad exterior constituye siempre la fuente de la que se extraerán y seleccionarán los elementos que habrán de conformar la esencia de la historia.

A modo de recordatorio

En todo relato breve es conveniente que en el texto prevalezca la narración sobre la descripción

12

OTRAS CARACTERÍSTICAS DEL RELATO BREVE

Relato abierto o relato cerrado

Aunque ya en el capítulo 3 hicimos algunos apuntes sobre las particularidades de las obras literarias breves, quisiéramos hacer aquí un apunte sobre el final del relato o del cuento.

En primer lugar hemos de distinguir en las narraciones de corta extensión aquellas que tienen un final cerrado y las que lo dejan abierto a posibles interpretaciones del lector o, más bien, para que este concluya mentalmente y a su manera la historia contada.

En el relato con final abierto dejamos que sea el propio lector el que le ponga punto final.

A lo largo de la historia de la literatura han surgido modas a este respecto, en las que los autores han optado indistintamente por una u otra fórmula. En la actualidad existe tendencia a dejar el relato con un final abierto, por considerar este modo más estimulante y creativo para el lector.

Entre los autores que se inclinan por este tipo de estructura abierta no podemos olvidar a Umberto Eco, ferviente defensor de lo que denomina «obras en movimiento», una clase de obras en las que la estructura de la narración se presta a diversas interpretaciones por parte del lector.

En estos relatos abiertos el autor deja la obra inconclusa en cierto modo para que, como se ha dicho, sea precisamente el lector el que las concluya mentalmente. El escritor en este caso no se propone ejercer control sobre el lector. En síntesis, se trata de establecer una estrecha relación entre el escritor y el receptor de su relato.

En el relato abierto se crea un vínculo más intenso entre el autor y el lector que en el relato cerrado, en el que todo está ya dispuesto en la mente del autor desde el principio.

Recordemos que la acción de un relato breve o de un cuento es expansiva, es decir, en ella los personajes que intervienen en la narración, las emociones, los sucesos y los ambientes en que viven, van creciendo y cambiando a medida que se desarrolla la historia.

Por el contrario, en el relato cerrado, el narrador coarta en buena medida esta «expansión» del relato. Los personajes experimentan cambios a lo largo de la narración, pero el autor ya ha determinado cuál ha de ser el final de toda su actuación.

El tiempo narrativo en el relato breve

El tiempo narrativo constituye un elemento esencial —podríamos decir que consustancial— del relato. Se podría establecer un paralelismo entre el relato que se está escribiendo y la misma vida del hombre. En esta hay un nacimiento, un crecimiento y un desarrollo del individuo y, finalmente, acaece la muerte.

Se ha de cuidar la existencia de un tiempo narrativo que es esencial en toda obra literaria.

En ese relato breve, en ese cuento o en esa novela corta que estamos escribiendo existe también una misma secuencia temporal, aunque la obra se instale en un aparente «presente». Pues por más que demos al relato una apariencia de que lo que estamos contando se desarrolla en un tiempo presente, la acción no ha surgido de la nada: siempre ha existido un antes, al que seguirá un proceso temporal que concluirá con un indefectible final, por muy abierto o cerrado que este sea.

En todo relato literario existe siempre un antes y un después, por más que se le dé a la narración una visión de presente.

De todas formas este proceso temporal no tiene por qué constituir una norma inmodificable. El «método retrospectivo», al que nos referíamos en la segunda parte de este libro, podría constituir un ejemplo de esa admisible modificación de la temporalidad narrativa.

Evidentemente, la novela más o menos extensa admite este tipo de alteraciones sin mayor problema, porque del mismo modo que el relato es susceptible de tener un final abierto o cerrado, el tiempo cronológico de una novela no rechaza las posibles variaciones y alteraciones que se produzcan en su temporalidad. En este sentido, es fácil encontrar notables casos de alteraciones temporales en novelas actuales. Escritores bien conocidos como Conrad, en *Lord Jim*, o Sabato en su famosa novela *El túnel*, dieron claras muestras de este tipo de alteraciones temporales del relato.

Lo instantáneo en la narración corta

El efecto de instantaneidad que se busca en la obra corta puede lograrse, por lo general, al observar las dos unidades del relato: la tradicional del tiempo, y otra, más moderna y algo más compleja, que demanda que cualquier episodio de la obra que estemos escribiendo se contemple exclusivamente a través de una única mirada.

A fin de dar instantaneidad al relato, es necesario que respetemos dos unidades estilísticas: tiempo y mirada o voz del narrador.

Lo más adecuado para transmitir una sensación de paso del tiempo es establecer un intervalo lo suficientemente prolongado como para permitir a los personajes del relato las modificaciones que se vayan produciendo, por causa de las circunstancias vividas en la narración,

Naturalmente, la utilización de ese intervalo —que puede repetirse a lo largo de la historia— convierte a la obra corta, al relato o al cuento en una pieza literaria larga, más o menos, en una novela de notable extensión.

En una obra corta no es procedente el empleo de intervalos en la narración.

Existe, sin embargo, un tercer modo de contar la historia y dotarla de esa instantaneidad a la que nos estamos refiriendo. Se trata de una forma literaria que se encuentra a caballo entre el relato corto o el cuento y la obra extensa. Se trata de la novela corta. Esta, a pesar de su ligereza, no requiere la concisión de aquellas otras formas antes mencionadas, dada su mayor longitud

El otro elemento de la unidad estilística es la de la mirada única. Como es lógico, en una obra corta no debemos incluir distintas miradas

—también podríamos hablar aquí de las «voces» que cuentan la historia—, porque sería muy raro que a dos personas les sucediera exactamente lo mismo en el mismo instante, o que si ambas fueran testigo de un mismo accidente expresaran lo sucedido de la misma manera.

Digamos, por último, que la instantaneidad del relato va muy unida a la verosimilitud que debe dominar toda la narración. No hemos de permitir que el protagonista trasmita al lector algo que no quede, de forma natural y patente, dentro de su registro visual

El factor sensorial en el relato

Además del papel que juega la mirada —la vista— en toda narración, es importante que también sepamos expresar a lo largo de la historia la interacción del resto de los sentidos: el oído, el tacto, el gusto, etc. Son ellos los que reforzarán, en el marco del relato, el efecto de autenticidad con que queremos dotar a la historia.

Es fundamental el papel que desempeñan en el relato los sentidos del personaje.

El ojo del protagonista, por ejemplo, debe funcionar como una cámara que lo revisa y lo inspecciona todo. La capacidad de visualización ha de manifestarse en el narrador y, en consecuencia, y constantemente, en sus personajes.

Por lo que decimos no hay duda de que, de todos los sentidos, es la vista la que desempeña un papel fundamental en la narración, al permitirnos establecer —a través del ojo de nuestros personajes— un amplio juego de metáforas y de símiles, necesarios para el enriquecimiento de la historia. Y esto es tan importante en un relato breve como en un cuento o en una novela corta (por no hablar de la narración más extensa, de la que no nos ocupamos en estas páginas).

Lo que ve el personaje a lo largo del relato constituye uno de los elementos de apoyo más necesarios para dar coherencia a la narración.

Pero también el resto de los sentidos juegan un papel significativo a la hora de contar la historia. El oído, por ejemplo, permite al protagonista no solamente «oír» lo que se dice en los diálogos en que toma parte —o en los que se limita a escuchar— sino también lo que se calla en ellos.

Algo parecido sucede con el tacto y el gusto. En el fondo, las percepciones sensoriales que tenga el personaje constituyen los elementos fundamentales que servirán al narrador para ir construyendo la personalidad de aquel en el relato.

La dinámica de la realidad en el relato breve y en el cuento

Aunque en el capítulo 7 de la segunda parte de este libro nos referíamos a la construcción de la realidad en el relato, quisiéramos abundar un poco más sobre este tema por considerarlo importante.

Comparaba Cortázar el relato breve o el cuento con la fotografía. Según decía, estas formas literarias recortaban un pedazo de la realidad, establecían en ella ciertos límites, pero ese recorte construía, al mismo tiempo, una realidad mucho más amplia, era como una visión dinámica que trascendía el limitado campo abarcado por la cámara.

Recordemos que en esta forma literaria de corta extensión ninguno de los elementos que la conforman debe ser prescindible. Concisión y síntesis son elementos básicos del relato, pero también, y en gran medida, capacidad de selección para saber transformar la realidad.

El limitado texto de un relato breve o de un cuento puede abarcar una realidad mucho más amplia de lo que en ellos se cuente.

Porque, además, en el cuento y en el relato breve —en toda obra literaria de corta extensión, por lo general—, cabe lo misterioso, lo extraño, lo que es posible, lo que es dudoso. Si el mundo es, como mínimo, sobrecogedor, el relato también debe atenerse a esa realidad.

Un cuento surge siempre, y en cierta manera, de la realidad o, cuando menos, de una supuesta realidad. Hay un personaje que vive unas determinadas circunstancias y que, por lo general, establece una comunicación con su entorno. Ese personaje, al fin y al cabo, es como un «doble» del narrador y es este el que ha de plasmar en aquel sus sentimientos, sus recuerdos, sus pensamientos. Indiscutiblemente, ese cuento o ese relato que estamos escribiendo es una ficción, una ilusión, podría decirse que una especie de aparición, pero el lector ha de aceptar las invenciones que construimos en nuestro juego literario y, para que eso suceda, hemos de dotar a nuestra narración de los mayores visos de realidad.

En eso radicará el éxito que pueda tener el relato breve, el cuento o la novela corta que hemos escrito con tanto interés.

Sugerencias

- Permitir que sea el propio lector el que, a su manera, concluya el relato.
- Recordar que el relato o el cuento ha de tener una acción expansiva en el desarrollo de la narración.
- Tener presente que el tiempo narrativo es un elemento muy importante del relato.
- Asegurarse de que la instantaneidad del relato se encuentre vinculada a su verosimilitud.
- Incorporar sin reservas lo misterioso o lo extraño en el relato.
- Lograr que el lector acepte sin dificultad las invenciones creadas en el relato.
- Permitir que el factor sensorial juegue su papel en el relato.

Improcedencias

- No admitir modificación alguna en el proceso temporal del relato.
- No conceder importancia a las dos unidades esenciales del relato: el tiempo en el que transcurre y la mirada utilizada para la narración.
- Incluir distintas miradas —voces— en un relato breve.
- No seleccionar debidamente los elementos básicos del relato

Ejercicio

Lea un relato breve de cualquier escritor clásico —Poe, Lovecraft, Bradbury, etc.— y compruebe cuáles son los elementos en los que se fundamenta la narración y cuáles son los detalles más o menos secundarios.

Conclusión

Todo relato puede finalizar de un modo abierto, dejando al lector la posibilidad de interpretarlo. En el caso de que prefiramos que tenga un final cerrado, recordemos que el narrador no dará al lector opción a posibles interpretaciones.

A modo de recordatorio

En todo relato breve se ha de vigilar la coherencia del tiempo narrativo, la confusión que produce la existencia de distintas voces narradoras y, en la medida de lo posible, la eliminación de intervalos en el desarrollo de la historia.

EPÍLOGO

Al poner punto final a estas páginas, quisiéramos haber cumplido el propósito que nos impulsó a escribirlas: exponer la riqueza literaria que ofrece el relato breve y apuntar algunas técnicas que permitan llevarlo a buen puerto, si nos decidirnos por esta forma literaria

Al no ser partidarios de establecer normas rígidas y definitivas sobre cómo se ha de escribir un cuento, un relato breve o, incluso, una novela corta, nos hemos limitado a brindarle a usted, amigo lector y escritor, ciertas sugerencias y algunos consejos que puedan serle útiles. Sin olvidar nunca que la creación literaria es un proceso individual que transita por la vía de lo artístico y que, por consiguiente, no existen fórmulas científicas que nos permitan realizarla con éxito seguro.

Toda labor creadora tiene la virtud de magnificar la condición del ser humano, haciendo que de simple mortal se transforme —aunque sea momentánea y parcialmente— en una especie de demiurgo, de un ser que sabe expresar, dentro de las limitaciones inherentes a todo ser humano, el alma y el acontecer del mundo.

La obra literaria breve constituye una forma grácil y adecuada para cautivar al lector. Puede equipararse, como decíamos en la introducción, a ese perfume que se guarda en un pequeño frasco y que no por su escasa cantidad deja de ser menos precioso. En ese cuento o en ese relato breve que nos disponemos a escribir, volcaremos, sin duda, una facultad valiosa: la imaginación. Pero no olvidemos que la imaginación implica una elaboración de la realidad. De una realidad que no debe, ni tiene, que verse repetida tal cual es en nuestro relato.

Pero si bien la escritura creativa, como la persona creativa, recrea la realidad, no ha de esforzarse en inventar términos nuevos, sino en vitalizar los ya existentes. Así debiera ocurrir con el relato breve.

Hemos optado en este libro por no abundar en esquemas, cuadros sinópticos, diagramas o gráficos que, por lo general, no son de gran ayuda al lector y sirven la mayoría de las veces tan solo para complicar y confundir la lectura. Nos hemos limitado simplemente a establecer algunos subrayados a lo largo del texto que puedan servir de recordatorio, de mera pauta. Y hemos tratado de hacerlo de forma sintética y aclaratoria. Al finalizar cada capítulo incluimos también unas breves advertencias, a modo de resumen del mismo.

Y ya no vamos a extendernos más. Quisiéramos finalizar estas líneas con aquella recomendación que Flaubert dedicaba a todo joven escritor: «Trabaja, trabaja, escribe tanto como puedas, tanto como tu musa te arrebate. Este será tu mejor corcel, la mejor carroza para escapar de los apremios y rigores de la vida. El cansancio de la existencia se diluye cuando escribimos».

¡Suerte!

BIBLIOGRAFÍA SELECCIONADA

Anderson Imbert, Enrique, *Teoría y técnica del cuento,* Ariel, 1992.

Auerbach, E, *Mimesis. La representación de la realidad en la literatura occidental,* Fondo de Cultura Económica, 1950.

Ayala, Francisco, *Los ensayos I: Teoría y crítica literarias,* Aguilar, 1972.

Barthes, Roland, *Critique et verité,* Editions du Soleil, 1966.

Blanchot, Maurice, *El espacio literario*, Paidós, 1969,

Booth, Wayne, *The Retoric of Fiction*, The University of Chicago Press, 1961.

Bradbury, Ray, *Zen en el arte de escribir*, Minotauro, 1995.

Butor, Michel, *La modificación*, Cátedra, 1988.

Cameron, Julia, *El derecho y placer de escribir*, Gaia, 1999.

Carilla, Emilio, *El cuento fantástico*, Editorial Nova, 1975.

Coetze, J. M., *Mecanismos internos,* Random House Mondadori, 2007.

Cortázar, Julio, *Clases de literatura*, Alfaguara, 2013.

Darcy Boles, Paul, *Sensing Extra Perceptions*, Writter's Digest Books, 1990.

Freixas, Laura, *Taller de narrativa,* Anaya, 1999.

Gardner, John, *The Art of Fiction,* Vintage Books, 1983.

García Márquez, Gabriel, *Cómo se cuenta un cuento*, Ollero & Ramos, 1996.

Genette, Gèrard, *Frontières du récit,* Seuil, 1969.

Gordon, Caroline, y Allen Tate, *The House of Fiction*, Charles Scribner´s Sons, 1959.

Imízcoz, Teresa, *Manual para cuentistas,* Península, 1999.

James, Henry, *El futuro de la novela*, Taurus, 1975.
Kohan, S, *Escribir una novela que atrape al lector*, Andén, 2008.
Lancelotti, Mario A., *Teoría del cuento*, Culturales Argentinas, 1973.
Lodge, David, *El arte de la ficción,* Península, 1998.
Mastrángelo, Carlos, *El cuento argentino,* Nova, 1975.
Mittelmark, Howard, y Newman, Sandra, *How not to Write a Novel*, Harper Collins Publishers, 2008.
Painter, George D., *Marcel Proust*, Lumen, 1992.
Phillip, Larry, *Hemingway on Writing*, Granada, 1964.
Poe, Edgar Allan, *Ensayos y críticas*, Alianza, 1973.
Prince, Herald, *A Grammar of Stories,* Mouton, 1973.
Proust, Marcel, *Obras completas,* Aguilar, 1973.
Sabato, Ernesto, *El escritor y sus fantasmas*, Seix Barral, 1997.
Samperio, Guillermo, *Cómo se escribe un cuento*, Berenice, 2008.
Smith, James, *The Writer's Helper*, F. W. Publications, 1996.
Tacca, Oscar, *Las voces de la novela*, Gredos, 1973.
Vázquez Alonso, Mariano José, *El escritor sin fronteras,* Robinbook, 2013.
Vogler, Christopher, *El viaje del escritor*, Robinbook, 2002.
Wharton, Edith, *Escribir ficción*, Páginas de Espuma, 2011.
Zapata, Ángel, *La práctica del relato*, Fuentetaja, 1997.

Taller de teatro

CÓMO MONTAR UN ESPECTÁCULO TEATRAL

Mercè Sarrias y Miguel Casamayor

El teatro es una de las experiencias vitales más complejas y enriquecedoras que existen. Meterse en la piel de un personaje es siempre tan laborioso como apasionante. De ahí que surjan tantos grupos teatrales, profesionales o aficionados, que tras semanas de ensayos consiguen llevar a cabo ese momento mágico que es la representación.
Este libro es una útil herramienta de trabajo que describe con precisión pero de forma desenfadada y amena los elementos necesarios para montar un espectáculo teatral.

LA EXPRESIÓN CORPORAL

Jacques Choque

Jacques Choque propone diferentes ejercicios de expresión corporal. Cada sesión está pensada como un nuevo descubrimiento de uno mismo gracias al maravilloso instrumento que es el cuerpo humano, en el que hay que ir profundizando y dominando mediante la armonía de la mente con el cuerpo. Gracias a las actividades propuestas, la expresión corporal permite a los participantes tomar conciencia de sus posibilidades gestuales o mejorarlas.

Taller de teatro/música

EL MIEDO ESCÉNICO

Anna Cester

Muchos cantantes, bailarines, actores, músicos... ya sean amateurs, estudiantes o grandes intérpretes afirman que la ansiedad escénica les afecta negativamente, disminuyendo su rendimiento y la calidad de su actuación. Es un hecho evidente que el trac no es selectivo, nos afecta a todos en mayor o menor intensidad.
El objetivo principal de este libro es ofrecer al lector conocimientos y habilidades en la preparación para actuar ante público, así como recursos para afrontar la ansiedad escénica sin que ésta interfiera en su buena interpretación

Taller de música

CÓMO VIVIR SIN DOLOR SI ERES MÚSICO

Ana Velázquez

Los músicos están expuestos –más que la mayoría de las profesiones– a lesiones musculares y articulares debido a la repetición de sus movimientos. La mejor manera de prevenirlas es enseñando desde los comienzos la más óptima colocación del instrumento y evitar las alteraciones en el sistema postural.

Este libro ofrece los recursos necesarios en cada tipo de instrumento para mejorar la postura interpretativa y evitar lesiones que mermen el trabajo de un músico. Tiene como finalidad optimizar el rendimiento y calidad artística del músico ya que ofrece recursos para mejorar la postura interpretativa y en consecuencia la relación que cada músico tiene con su instrumento.

TÉCNICA ALEXANDER PARA MÚSICOS

Rafael García

La técnica Alexander es cambio. Un cambio de conducta que implica una visión más amplia de la música y del intérprete. La atención no se centra exclusivamente en los resultados, sino también en mejorar y cuidar todas aquellas áreas que conducen a una experiencia musical más satisfactoria.
Aprender a ver más allá del atril, levantarse de vez en cuando de la silla para tomar aire y reemprender la tarea con energía renovada, representa una medida saludable para el músico.
La técnica Alexander toma de la mano tanto las necesidades artísticas del intérprete, como los pilares del funcionamiento corporal que promueven en él una postura sana y movimientos libres. El resultado es beneficioso para ambos. La faceta artística del músico se amplía enormemente al reducir el número de interferencias en la interpretación, y a su vez, el bienestar corporal alcanzado lleva a una experiencia de mayor satisfacción.

MUSICOTERAPIA

Gabriel Pereyra

Este libro ofrece un viaje por el mundo del sonido y del ritmo.
A lo largo de sus páginas irán apareciendo un sinfín de posibilidades inexploradas que puede otorgar el poder de la música, acompañadas de diversos ejemplos para mejorar el nivel de relajación o aumentar la concentración, y otros para combatir el estrés o aliviar el dolor.
Gracias a los ejercicios planteados, el lector podrá desarrollar su musicalidad y alcanzar el equilibrio en la vida cotidiana, agudizando los sentidos, y mejorando su salud física y mental.

- La influencia de la música sobre el cuerpo humano.
- Los cuatro tipos de oyentes.
- El efecto Mozart.

Taller de escritura

CÓMO ESCRIBIR EL GUIÓN QUE NECESITAS

Mercè Sarrias y Miguel Casamayor

Un guionista es la persona encargada de confeccionar un guión, ya sea para una producción cinematográfica, televisiva, una webserie, una sitcom, etc. Los autores de este libro –guionistas profesionales con años de experiencia– ponen al descubierto cada uno de los elementos básicos e imprescindibles para escribir un buen guión: la historia, la construcción de personajes, las tramas... y todo ello plagado de intuiciones, comentarios, reflexiones y ejemplos para hacer esta guía una útil herramienta de trabajo con el fin de que todo aquel que quiera convertirse en guionista y no sepa por dónde empezar halle aquí todas las respuestas.

EL ESCRITOR SIN FRONTERAS

Mariano José Vázquez Alonso

Este es un libro con vocación de ayudar tanto a quienes han hecho de la escritura su profesión como aquellas otras personas que tienen como meta plasmar una brillante idea en forma de novela.
A través de detalladas técnicas el lector encontrará la manera más fácil y directa de encontrar un tema adecuado, desarrollar una trama, construir una localización, dar rasgos de verosimilitud a un personaje o dar con la palabra precisa que le ayudarán a construir su propia voz.